한눈에 펼쳐보는
세시풍속 그림책

글 지호진 | 그림 이혁

차례

- 3 세시 풍속
- 4 설
- 8 인일
- 9 소망일
- 10 대보름
- 14 이월 초하루
- 15 삼짇날
- 16 한식
- 18 초파일
- 20 단오
- 24 유두
- 26 삼복
- 28 칠석
- 30 백중
- 32 추석
- 36 중양절
- 37 납일
- 38 섣달그믐
- 40 찾아보기

세시 풍속 歲時 風俗

한 해의 계절이나 달, 절기에 따라 반복되어 전하여 온 풍속을 '세시 풍속'이라고 해요.
세시는 크게 정월(음력 1월)부터 섣달(음력 12월)까지의 명절과 24절기로 나뉘며,
그날에 행해지는 여러 가지 재미있고 뜻깊은 풍속이 전해져요.
우리 조상들은 어떤 날을 세시 명절로 정하여 기념했을까요?
그리고 명절마다 어떤 흥미로운 일들이 벌어졌을까요?

세시 풍속 그림책과 함께
신나고 즐거운 명절
여행을 떠나요. 출발~

계절	명절	날짜	설명
봄철 세시 명절	설	음력 1월 1일	세배도 하고 떡국도 먹는 새해 첫 명절날
	인일	음력 1월 7일	사람을 소중하게 여기는 날
	소망일	음력 1월 14일	대보름을 하루 앞둔 작은 보름날
	대보름	음력 1월 15일	새해 첫 보름달이 뜨는 큰 명절날
	이월 초하루	음력 2월 1일	한 해 농사의 시작을 알리는 '머슴날'
	삼짇날	음력 3월 3일	강남 갔던 제비가 돌아오는 날
	한식	양력 4월 5일 무렵	찬 음식도 먹고 조상의 산소도 돌보는 날
여름철 세시 명절	초파일	음력 4월 8일	연등이 주렁주렁 '부처님 오신 날'
	단오	음력 5월 5일	그네도 뛰고 씨름도 하는 큰 명절날
	유두	음력 6월 15일	흐르는 물에 머리를 감고 목욕하는 날
	삼복	음력 6월~7월	여름 더위가 한창인 '초복', '중복', '말복'
가을철 세시 명절	칠석	음력 7월 7일	견우와 직녀가 일 년에 한 번 만나는 날
	백중	음력 7월 15일	여름 농사로 고생한 농민들을 위한 날
	추석	음력 8월 15일	햇곡으로 송편을 빚어 먹는 가장 큰 명절날
	중양절	음력 9월 9일	국화꽃이 만발하는 가을 명절날
겨울철 세시 명절	납일	음력 12월	종묘와 사직에 제사를 지내는 날
	섣달그믐	음력 12월 30일 무렵	뜬눈으로 밤새는 한 해의 마지막 날

※ 전통 사회에서 사계절은 음력으로 1~3월이 봄, 4~6월이 여름, 7~9월이 가을, 10~12월이 겨울에 해당해요.

24절기
二十四節氣

지구에서 본 태양의 움직임에 따라 일 년을 24개로 나눈 것을 '절기'라고 해요. 우리 조상들은 예로부터 절기를 계절의 기준으로 삼고 농사와 생활에 이용해 왔어요. 절기에 행해지는 여러 가지 재미있고 뜻깊은 풍습도 생겨났지요. 봄의 시작을 알리는 입춘부터 겨울을 마무리하는 대한까지 일 년 열두 달 24절기를 《한눈에 펼쳐보는 24절기 그림책》으로 만나 보세요.

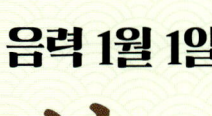

음력 1월 1일

설

세배도 하고 떡국도 먹는 새해 첫 명절날

우리 조상들은 음력으로 새해가 시작되는 첫날을 명절로 삼아, 여러 가지 행사를 치르며 반갑게 새해를 맞이했어요. 바로 이날이 '설(설날)'이지요. '설'이라는 이름은 익숙하지 않다는 뜻의 '낯설다' 또는 '설다'라는 말에서 비롯된 것으로 짐작해요. 새롭게 시작하여 아직은 낯설은 날이라고 할 수 있지요. 설날은 추석과 함께 우리 민족의 가장 크고 중요한 명절로서 재미있고 뜻깊은 풍속이 많이 전해져요.

설날의 다른 이름

설날은 원일(元日), 세수(歲首), 세초(歲初), 연두(年頭), 신일(愼日) 등의 이름으로도 불러요. 원일, 세수, 세초, 연두는 쓰인 한자만 다를 뿐, 뜻을 풀어 보면 모두 '한 해의 첫날'임을 가리키는 말이에요. 신일은 삼가다 '신(愼)'자에 날 '일(日)'자가 합쳐진 말로, '말이나 행동을 조심하는 날'이라는 뜻이에요. 옛사람들은 한 해의 운수가 새해 첫날에 달렸다고 믿었기 때문에, 이날 말과 행동을 조심하여 일 년을 잘 지내자는 뜻에서 붙여진 이름이라고 할 수 있어요.

설날은 언제부터 시작되었을까?

설이 언제부터 우리 민족의 명절이었는지 확실하게 알 수는 없지만, 기록에 의하면 삼국 시대에는 설 명절이 존재했어요. 636년에 펴낸 중국의 역사책 《수서》에 신라 사람들은 원일(설날) 아침에 축하 인사를 나누고, 왕은 잔치를 베풀어 신하들을 격려하고, 해와 달에 제사를 지냈다는 기록이 있어요. 백제에서 정월(음력 1월)에 하늘과 땅을 다스리는 신과 왕실 조상에게 제사를 지냈다는 또 다른 기록도 전해져요.

차례 지내기

설날에 행하는 가장 중요한 풍속은 '차례'와 '세배'예요. 차례는 명절에 조상에게 올리는 간단한 제사로, 주로 설날과 추석에 지내요. 죽은 이의 혼을 위로하고 기리는 제사는 밤에 올리지만, 조상에게 명절 인사를 드리고 집안의 평안을 비는 차례는 밝은 아침에 지내요. 그래서 설날 아침이면 정성스럽게 준비한 떡국과 음식들로 차례상을 차려 조상께 새해 인사를 드리지요. 설 차례는 떡국을 올렸다 하여 '떡국차례'라고도 불러요.

세배하기

차례가 끝나면 집안 어른이나 주위의 웃어른을 찾아가 세배를 해요. 세배는 설날이나 섣달그믐에 윗사람에게 인사로 드리는 절을 말해요. 세배를 온 사람에게는 음식과 술을 대접하기도 하는데, 이때 차리는 음식을 '세찬'이라고 불러요. 세배를 받은 어른은 아랫사람이 잘되기를 바라며 '덕담'을 해 주고, 세배한 값으로 '세뱃돈'을 주기도 해요.

설날에 입는 '설빔'

설을 맞이하여 새로 장만해 입는 옷이나 신발을 '설빔'이라고 해요. 특히 어린아이들은 붉은색, 파란색, 흰색, 노란색, 초록색 등 여러 색의 옷감으로 소매를 달아 만든 색동저고리를 입어요. 설빔은 남녀노소 할 것 없이 살림살이에 따라 가을부터 마련해 두었다고 해요.

설날에 먹는 '떡국'

설에 먹는 가장 대표적인 음식은 떡국이에요. 설날에 떡국을 먹으면 나이를 한 살 더 먹는다는 이야기도 있지요. 떡국은 맑은 국물에 흰 가래떡을 썰어 넣고 끓여요. 새해가 시작되는 날인 만큼 밝고 깨끗한 흰떡으로 떡국을 만들어 먹은 것으로 짐작해요.

"꿩 대신 닭"

떡국은 원래 꿩고기를 넣고 끓여 국물을 만들었어요. 하지만 꿩고기는 구하기가 쉽지 않아서 보통은 닭고기를 넣는 경우가 많았지요. 여기에서 '꿩 대신 닭'이라는 말이 생겨났어요.

설날 밤 아이들은 '신발 감추기'

설에는 아이들이 신발을 감추는 재미있는 풍속이 있어요. 전해 내려오는 이야기에 따르면 설날 밤 귀신이 마을로 내려와, 아이들의 신발을 신어 보고 발에 맞는 것이 있으면 신고 가 버린대요. 옛사람들은 이렇게 신발이 없어지면 좋지 않은 일이 생길 수 있다고 믿었어요. 이날 아이들은 귀신에게 신발을 도둑맞을까 무서워, 신발을 감추고 일찍 잠자리에 들었다고 해요.

설날 민속놀이

윷놀이

우리 민족 고유의 놀이로 남녀노소 누구나 어울려 즐겨요. 둘 이상으로 편을 갈라 윷을 던져서, 나온 수만큼 말(윷말)을 움직여 먼저 도착점을 통과하면 이기는 놀이예요. 윷은 작고 둥근 통나무 2개를 반씩 쪼개어 4개로 만들어요. 윷을 던져서 나오는 '윷패'에는 도(돼지), 개(개), 걸(양), 윷(소), 모(말)의 5가지가 있고, 윷패마다 상징하는 동물이 있어요.

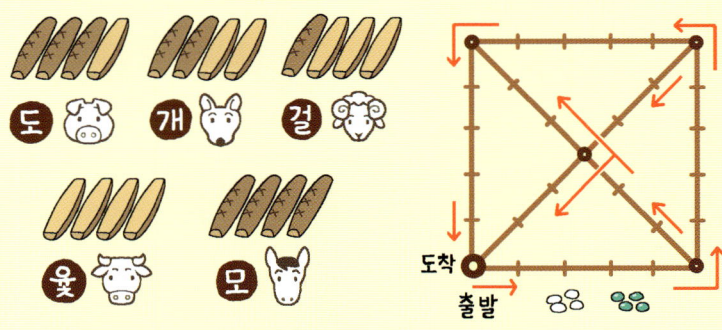

윷가락 4개 중 셋이 엎어지고 하나가 젖혀지면 '도', 둘이 엎어지고 둘이 젖혀지면 '개', 하나가 엎어지고 셋이 젖혀지면 '걸', 넷이 다 젖혀지면 '윷', 넷이 다 엎어지면 '모'예요. 도는 한 칸, 개는 두 칸, 걸은 세 칸, 윷은 네 칸, 모는 다섯 칸씩 말을 움직일 수 있어요(윷패를 상징하는 동물의 걸음걸이에 따라 정해졌다고 해요). 윷말은 보통 4개씩이며, 여러 개의 말을 한 판 위에 올릴 수 있어요.

연날리기

찬바람이 쌩쌩 부는 겨울날, 특히 설날에서부터 대보름까지 널리 행해지던 민속놀이예요. 아이부터 할아버지에 이르기까지 주로 남자들이 즐기던 놀이로, 실을 맨 연을 공중에 띄워서 이리저리 조종하거나 아주 높은 곳까지 날릴 수 있어요. 다른 연과 어울려 연싸움을 하기도 하는데, 연을 날리며 서로의 연줄을 마주 걸어 상대의 연줄을 먼저 끊으면 이기는 싸움이에요.

널뛰기

설날이나 추석에 여자들이 하는 우리나라 고유의 놀이예요. 기다란 널빤지 한가운데를 짚단으로 괴고, 널빤지 양쪽 끝에 한 사람씩 올라서서 번갈아 뛰어올라요. 바깥 출입이 자유롭지 못한 양반집 여인들이 담 너머로 세상 구경을 하기 위해 널뛰기를 하였다는 이야기도 전해져요.

'구정' 아니고 '설날'

우리 민족은 예로부터 음력 1월 1일을 설 명절로 지내 왔어요. 하지만 개혁 운동의 일부로 1896년부터 양력을 사용하게 되면서, 이때 설날이 양력 1월 1일로 바뀌어요. 설날 이름도 일제 강점기에 양력설은 '새로운 설'이라는 뜻의 '신정(新正)'으로, 음력설은 '옛 설'이라는 뜻의 '구정(舊正)'으로 바뀌게 되었지요. 그 이후로도 양력으로 설을 지내다가, 1989년부터 다시 음력 1월 1일을 '설날'로 부르며 명절로 지내고 있어요.

차례상에 올리는 음식

설날 차례상에는 떡국과 함께 동태나 호박 등을 기름에 부친 '전', 소고기나 생선을 구운 '적', 건더기가 많고 국물이 적은 국인 '탕', 고사리나 도라지 등으로 만든 '나물', 고기나 생선을 말린 '포', 김치, 과일, 전통 과자와 음료, 마지막으로 맑은 술을 올려요.

차례상에 올리지 않는 음식

차례상에는 고춧가루나 마늘이 들어간 음식과 붉은 팥, 복숭아를 올리지 않아요. 고춧가루나 팥의 붉은색은 귀신을 쫓는 색으로, 마늘이나 복숭아는 귀신을 쫓는 음식으로 여겼기 때문이에요. 조상을 모시려고 차리는 차례상에 이런 음식을 올리면 조상님들이 도망가시겠지요?

설 명절 '대이동'

중국과 대만, 베트남, 말레이시아, 싱가포르 등 여러 나라에서 음력 1월 1일을 우리나라의 설날과 같은 명절로 기념하고 있어요. 중국에서는 이날을 '춘절(春節)'이라고 부르며 가장 큰 명절로 지내는데, 이때 고향으로 가기 위한 사람들의 '대이동'이 일어나요. 세계 4위의 넓은 땅덩이를 가진 나라답게 이동하는 데 시간이 많이 걸리기 때문에, 보통 일주일 이상을 휴일로 정한다고 해요.

양력 1월 1일이 설날!

일본은 양력 1월 1일을 큰 명절로 지내요. '오쇼가츠(正月)'라고 부르는 일본의 설날이지요. 이날 일본 사람들은 전통 의상인 기모노를 입고 신사나 절을 찾아 한 해의 복을 기원해요. 간장이나 된장으로 맛을 낸 국물에 떡과 어묵, 채소 등을 넣은 떡국도 끓여 먹어요.

동요 '설날' 이야기

1절 까치 까치 설날은 어저께고요
우리 우리 설날은 오늘이래요
곱고 고운 댕기도 내가 드리고
새로 사 온 신발도 내가 신어요

2절 우리 언니 저고리 노랑 저고리
우리 동생 저고리 색동저고리
아버지와 어머니 호사하시고
우리들의 절 받기 좋아하세요

설날이면 울려 퍼지는 동요인 〈설날〉의 1절과 2절 노랫말이에요. 이 노래는 〈반달〉(우리나라 최초의 창작 동요)을 만든 동요 작곡가이자 아동문학가 윤극영 선생님이 1924년에 발표한 곡으로, 지금까지도 많은 사랑을 받고 있지요. 설날을 맞아 아이들이 설빔으로 단장하고 부모님께 새배하는 모습이 노래에 담겨 있어요.

음력 1월 7일
인일

사람을 소중하게 여기는 날

정월 초이렛날, 즉 음력 1월 7일은 '인일(人日)'이에요. 인일은 사람 '인(人)'자에 날 '일(日)'자를 써서 말 그대로 '사람의 날'이라는 뜻으로, '사람날'이라고도 불러요. 이날에는 사람이 세상에 생겨난 것을 기뻐하고, 사람을 소중하게 여기는 뜻에서 힘들게 일하지 않고 하루를 놀았다고 전해져요.

일하지 않고 놀기

인일에 옛사람들은 '오늘은 사람날이니까 일 하지 말고 편하게 쉬자!' 하며 맛있는 음식과 술, 노래와 춤을 즐기며 하루를 놀았어요. 당연히 위험한 일도 하지 않았지요. 이날에 칼질을 하거나 연장을 다루면 몸을 다치고, 바느질을 하면 생손(손가락 끝이 아리다가 끝내 곪는 병)을 앓는다는 말이 생기기도 했어요.

집 밖 드나들지 않기

우리 조상들은 한 해가 시작되는 설 무렵, 특히 인일에는 되도록 집 밖으로 나가지 않았어요. 남의 집에서 잠을 자거나 머무르지도 않았는데, 이날 손님이 와서 잠을 자면 그 집에 좋지 못한 일이 생긴다고 여겼기 때문이에요.

특별한 시험 '인일제'를 실시하다

조선 시대에는 이날에 성균관(유학 교육 기관) 유생을 대상으로 한 특별한 시험인 '인일제'를 실시했어요. 성균관에 15일 이상 출석한 유생만 참가할 수 있었고, 1등으로 뽑힌 유생에게는 과거 급제와 동등한 자격이 주어졌어요. 시험은 성균관에서 치르기도 하고, 대궐에서 임금이 직접 감독하기도 했어요.

일곱 가지 풀로 끓인 죽

일본에서는 인일(양력 1월 7일) 아침에 '나나쿠사가유'라고 부르는 죽을 먹어요. 봄에 나는 일곱 가지 풀인 냉이, 미나리, 떡쑥, 무, 순무, 광대나물, 별꽃을 넣고 끓인 죽이지요. 풀 죽을 먹으면서 건강하고 평안한 한 해를 기원하고, 겨우내 부족했던 영양소도 보충한다고 해요.

'인일'은 어떻게 생겨났을까?

중국 신화에는 신이 처음 세상을 만들 때, 첫째 날은 닭을 만들고, 둘째 날은 개, 셋째 날은 양, 넷째 날은 돼지, 다섯째 날은 소, 여섯째 날은 말, 마지막으로 일곱째 날에는 사람을 만들었다는 이야기가 전해져요. 이 이야기에서 사람날, 즉 인일이 생겨나지 않았을까 짐작하지요.

음력 1월 14일
소망일

대보름을 하루 앞둔 작은 보름날
대보름을 하루 앞둔 음력 1월 14일은 '소망일(小望日)'이에요. 소망일은 한자어로 작은 '소(小)'자에 보름 '망(望)'자를 써서 뜻 그대로 '작은 보름날'을 말해요. 우리 조상들은 이날을 대보름처럼 중요한 날로 여기며 여러 행사를 벌이고 또 이날에 하지 말아야 할 것을 정해서 지키기도 했어요.

잠을 자면 눈썹이 하얗게 변한다?
옛날에는 섣달그믐날이나 소망일에 잠을 자면 눈썹이 하얗게 센다는 말이 있었어요. 옛사람들은 사람 몸에 살면서 해를 끼치는 벌레가 이날 사람이 잠들면 몸에서 빠져나와, 그동안 그 사람이 지은 죄를 신에게 일러바쳐서 수명을 줄어들게 만든다고 생각했어요. 그래서 벌레가 빠져나가지 못하도록 밤에 잠을 자지 않았던 것이지요. 이때 잠을 자는 아이가 있으면 눈썹에 밀가루를 몰래 발랐다가, 잠에서 깨면 나이를 먹어 눈썹이 세었다고 놀리기도 했대요.

집 안 곳곳 불을 밝히다
이날은 날이 어둡기 전부터 대보름날 아침이 밝을 때까지 방과 마루는 물론이고, 부엌과 다락, 외양간 등에 불을 켜서 집 안 곳곳을 온통 환하게 밝혀 놓았어요. 이렇게 밤새 불을 밝히면 밝은 빛에 나쁜 기운은 물러가고 복이 들어온다고 믿었기 때문이에요.

잣불로 점치기
서울 지역에서는 소망일에 잣불을 켰어요. 바늘에 잣을 꿰어 불을 붙여서, 잣이 타는 모양을 보고 일 년 동안의 운세를 점쳤대요.

대보름을 준비하며 '볏가릿대' 만들기
농가에서는 이날 대보름을 준비하며 '볏가릿대'를 만들어요. 벼나 기장 같은 여러 가지 곡식 이삭을 볏짚단에 꽂아서 긴 장대에 매달아 볏가릿대를 만들고, 집 한쪽에 세워 두어요. 대보름날에 이 볏가릿대 주위를 돌며 풍년을 바라는 노래를 불렀는데, 그해 오곡이 낟가리(낟알이 붙은 곡식을 그대로 쌓은 더미)처럼 풍성하게 여물기를 바라는 행사였지요.

나무조롱 몰래 버리기
아이들은 겨울 동안에 나무조롱 3개를 허리에 차고 다녔어요. 나무조롱은 나무나 박으로 만든 작은 호리병 모양의 물건으로, 여기에 붉은색, 파란색, 노란색으로 칠을 해서 차고 다니면 질병을 쫓을 수 있다고 믿었어요. 이것을 소망일 밤중에 떼어서 몰래 길에 버리면, 한 해 동안의 나쁜 운을 막을 수 있다고 해요.

음력 1월 15일
대보름

새해 첫 보름달이 뜨는 큰 명절날

아주 오래전부터 우리 조상들은 새해 첫 둥근 달이 뜨는 정월 보름날, 즉 음력 1월 15일을 명절로 삼았어요. 이날을 보름 중에 큰 날이란 뜻으로 '대보름' 또는 정월의 큰 보름이라 하여 '정월 대보름'이라고 부르지요. 설날을 한 해를 시작하는 날로 기념했다면, 대보름은 한 해 농사의 시작을 알리는 날로 여겨 풍년을 바라는 마음으로 다양한 행사와 민속놀이가 벌어졌어요.

1,500년 전부터 명절로 삼아 지켜 오다

우리 민족은 특별히 정월 대보름을 '까마귀를 공경하는 날'이라 하여 '오기일(烏忌日)'이라고 부르며, 우리 민족만의 독특한 풍속을 이어 왔어요. 그 유래는 지금으로부터 1,500년 전인 삼국 시대까지 거슬러 올라가지요. 이에 관한 이야기가 《삼국유사》(1281년 고려 때 쓰여진 고구려, 백제, 신라의 역사를 기록한 책)에 전해 내려오고 있어요. (바로 아래에 있는 까마귀와 찰밥 이야기가 그것이에요.)

상원, 중원, 하원

대보름은 '상원'이라고 부르기도 했는데, 이는 옛 중국의 종교인 도교에서 전해진 말이에요. 도교에서는 보름달이 뜨는 날 중에 한 해의 기준을 삼을 만한 중요한 세 날을 정하여 '삼원(三元)'이라고 칭했어요. 이 세 날이 바로 대보름인 '상원(上元: 음력 1월 15일)', 백중날인 '중원(中元: 음력 7월 15일)', '하원(下元: 음력 10월 15일)'이에요. 이때 하늘을 향해 드렸던 제사 풍속이 우리나라와 일본 등에 전해지게 되었지요.

까마귀와 찰밥 이야기

신라 21대 왕인 소지왕이 정월 보름날 경주 남산을 산책하고 있을 때였어요. 쥐가 다가와 까마귀를 쫓아가라고 말하여 왕이 병사를 시켜 까마귀를 따라갔더니, 한 노인이 나타나서는 '이 봉투를 열어 보면 두 사람이 죽고, 열어 보지 않으면 한 사람이 죽을 것이다'라고 씌어 있는 봉투를 주었어요. 봉투 속에는 '거문고 통을 활로 쏴라!'는 글이 적혀 있었고, 왕은 궁궐로 돌아와 거문고 통을 활로 쏘았어요. 그 안에는 왕비와 승려가 숨어 있었는데, 결국 이들이 반역을 꾀하였음을 알게 되었지요. 소지왕은 자신에게 이를 알린 까마귀에게 보답하기 위해 정월 보름날을 '오기일(烏忌日)'이라고 이름 짓고, 해마다 찰밥을 지어 제사를 드리게 했어요.

달맞이

대보름에는 달과 관련된 풍속이 전해져요. 달맞이는 대보름에 솟는 달을 보는 것으로, 한자어로 달을 맞이한다는 뜻의 '영월(迎月)'이나 달을 바라본다는 뜻의 '망월(望月)'이라고도 불러요. 이 날 사람들은 높은 곳에 올라가서 떠오르는 달을 보며 소원을 빌었는데, 한 해 농사가 잘되기를 또 혼인을 못한 젊은 남녀는 좋은 짝을 만나기를 빌었지요. 시루떡을 만들어 나쁜 기운을 쫓아내며 빌기도 했대요.

달집태우기

달집은 대보름날 저녁 달맞이를 할 때에 불을 질러 밝게 하려고 생솔가지나 짚, 나뭇가지 등을 묶어 쌓아 올린 무더기예요. 보름달이 떠오르기 시작하면 달집에 불을 지르는데, 이때 달집이 훨훨 잘 타오르면 그해에 마을이 평안하고 풍년이 든다고 해요.

용알뜨기

대보름날에는 여자들이 첫닭이 울 때를 기다렸다가 서로 앞다투어 우물물을 긷던 풍속이 있었어요. 이를 '용알뜨기'라고 하는데, 우물에 있는 용의 알을 뜬다는 뜻이지요. 대보름 전날 밤에 용이 내려와 우물 속에 알을 낳는데, 남보다 먼저 그 물을 길어서 밥을 해 먹으면 그해 농사가 잘된다고 여겼대요. 결국 맨 먼저 물을 긷는 사람이 그해의 농사를 제일 잘 짓는 사람이 되는 셈이지요.

더위팔기

대보름날 아침 해뜨기 전에 사람을 보면 먼저 이름을 부른 뒤에, 대답을 하면 '내 더위 사 가라'라고 말해요. 이렇게 하면 먼저 이름을 부른 사람은 더위를 팔게 되고, 대답을 한 사람은 더위를 산 셈이 되어요(하지만 이름이 불린 사람이 눈치를 채고 대답 대신 '내 더위 맞더위'라고 외치면, 오히려 더위를 팔려는 사람이 더위를 다 가져가게 되어요). 이를 '더위팔기'라고 해요. 이렇게 더위를 팔면 그해 여름에는 더위를 먹지 않는다고 믿었어요.

대보름 민속놀이

대보름에는 연날리기, 윷놀이, 널뛰기 등 설날에 하던 놀이가 이어졌어요.
물론 지신밟기, 다리밟기, 쥐불놀이, 놋다리밟기, 고싸움놀이 같은 대보름날에 주로 하는 놀이도 즐겼지요.

지신밟기

집터를 지켜 주는 지신(地神: 땅을 다스리는 신)을 달래어 집 안으로 들어오려는 나쁜 기운을 막기 위해, 풍물(농악)패를 초청하여 풍악을 울리며 집터 곳곳을 밟게 하는 민속놀이예요.

다리밟기

대보름날 밤에 다리를 밟는 풍속으로, '답교놀이'라고도 불러요. 이날 다리를 밟으면 한 해 동안 다리에 병이 들지 않고, 열두 다리를 건너면 일 년 열두 달 동안의 나쁜 운수를 피할 수 있다고 해요.

쥐불놀이

논두렁에서 작은 불덩이를 깡통에 넣고 휘휘 돌려 원을 그리는 놀이예요.

놋다리밟기

대보름날 밤에 여자들이 하는 민속놀이로, '기와밟기'라고도 불러요. 고려 공민왕 때에 시작되어 경북 안동, 의성 등지에 전해지는 놀이이지요. 여자들이 한 줄로 서서 허리를 굽히고 앞사람의 허리를 안아 다리를 만들면, 공주로 뽑힌 여자가 그 위에 올라가 노래에 맞추어 등을 밟고 지나가요. 공주가 등 위로 지나간 사람은 다시 앞으로 가서 허리를 굽혀 줄이 끊기지 않게 해요.

고싸움놀이

양쪽으로 편을 갈라 줄 머리에 타원 모양의 '고'가 달린 굵은 줄을 여러 사람이 메고, 상대편의 고를 짓눌러 먼저 땅에 닿게 한 편이 이기는 놀이예요. 우리나라의 대표적인 편싸움(편을 갈라서 하는 싸움) 놀이로, 대보름 무렵에 광주 남구 칠석동에서 행하지요. 우리나라 국가 무형 문화재로 지정되어 있어요.

액막이연 날리기

대보름에는 '액막이연'이라고 하여 설 때부터 날리던 연을 날려 보내요. 연에 액(나쁜 운수)을 보내고 복을 맞이한다는 뜻의 '송액영복(送厄迎福)'이란 글귀를 써서 하늘 높이 띄우고, 연줄을 끊어 하늘로 날려 보내는 것이지요. 그러면 그 연의 주인이 지닌 나쁜 운수가 다 사라진다고 생각했대요. 대보름 이후에는 더 이상 연을 날리지 않았는데, 한 해 농사일 준비로 바빠졌기 때문이지요.

🌰 대보름 먹을거리

오곡밥과 나물

대보름에는 그해 농사가 잘되어 곡식이 풍성하기를 기원하며 오곡밥을 지어 먹어요. 오곡밥은 다섯 가지 이상의 곡식을 섞어 지은 잡곡밥이지요. 나물은 풀이나 어린 나뭇잎 같은 것을 삶거나 볶거나 날것으로 양념하여 무친 음식이에요. 대보름에는 주로 고사리나 도라지, 시래기, 취, 호박, 무, 가지 등 미리 말려 두었던 재료로 나물을 해 먹어요. 한편 대보름날에는 다른 성씨를 가진 세 집 이상의 밥을 먹어야 그해의 운이 좋다고 하여, 여러 집이 오곡밥을 나누어 먹었어요. 또 이 날에는 하루에 아홉 번 밥을 먹어야 좋다고 하여, 오곡밥을 여러 번에 나누어 먹기도 했어요.

귀밝이술과 부럼

대보름날 새벽이나 아침에는 귀밝이술을 마시고 부럼을 깨요. 귀밝이술은 데우지 않고 차게 마시는데, 이를 마시면 귓병이 생기지 않고 한 해 동안 좋은 소식을 듣게 된다고 해요. 부럼은 땅콩이나 호두, 은행, 밤, 잣과 같은 겉이 딱딱한 열매를 말해요. 이를 깨물면 일 년 내내 부스럼이 나지 않는다고 하지요.

대보름이 공휴일!

일본에서는 대보름을 '고쇼가츠(小正月)'라고 부르며, 이날을 공휴일로 정하고 있어요. 일본은 양력을 사용하기에 양력 1월 15일에 지내지요. 이날에는 귀신을 쫓는다 하여 팥을 섞어 끓인 죽을 먹고, 불놀이를 하며 찹쌀로 만든 경단을 구워 먹기도 해요.

"개 보름 쇠듯"

대보름에 개에게 먹이를 주면 개에게 파리가 꼬이고, 개가 마른다고 여겨서 이날 하루 개를 굶기는 풍속이 있었어요. 개들은 억울하게 굶는 날이었지요. 여기에서 "개 보름 쇠듯"이라는 속담이 생겼는데, 명절 같은 즐거워야 할 좋은 날에 제대로 지내지 못하는 사람을 빗대어 하는 말이에요.

음력 2월 1일
이월 초하루

한 해 농사의 시작을 알리는 '머슴날'
이월 초하루는 음력으로 2월 첫째 날을 가리키는 말로, 농가에서는 '머슴날' 또는 '노비일'이라고 불렀어요. 옛사람들은 농사가 본격적으로 시작되는 때인 이날을 명절로 삼아서 한 해 농사가 잘되기를 기원하고, 머슴이나 노비 같은 농사를 짓는 일꾼들을 위로하는 행사를 벌였어요.

임금이 신하들에게 중화척을 나누어 주다
조선의 22대 왕 정조는 1796년 음력 2월 1일에 나라의 중요한 일을 맡은 대신과 신하들을 궁궐로 불러 잔치를 베풀었어요. 그러면서 백성들을 공평하게 다스려 하늘의 뜻에 어긋남이 없도록 해 달라는 뜻에서 자를 하나씩 내려 주었지요. 이때 정조 임금이 신하들에게 나누어 준 자를 '중화척'이라고 하고, 이날을 '중화절'이라고 불러요. 그 뒤로 중화절은 궁중에서 농사철의 시작을 기념하는 날이 되었어요.

농사짓는 일꾼들 잘 먹는 날
음력 2월이면 계절이 겨울에서 봄으로 확 바뀌기 시작해요. 얼었던 땅이 녹으면서 농사 준비도 활발하게 이루어지지요. 넓은 땅을 갖고 농사를 통해 집안 살림을 꾸리던 양반들은 농사짓는 일꾼들의 사기를 북돋아 줄 필요가 있었어요. 일꾼들이 일을 열심히 해야 많은 수확을 얻기 때문이지요. 이날 주인은 농사 일꾼인 머슴이나 노비에게 새 옷을 내 주고, 자리를 마련하여 음식과 술을 베풀어요. 머슴들은 농악을 연주하고 먹고 마시며 즐겁게 하루를 지냈어요.

나이 숫자대로 떡 먹기
이날에는 정월 대보름에 마당에 세워 두었던 볏가릿대에서 벼 이삭을 내려 떡을 만들어 먹어요. 식구들이 모여 자신의 나이 수만큼 숟가락으로 쌀을 떠서 송편 같은 떡을 빚고, 역시 자신의 나이 수 만큼 떡을 먹었어요. 이 떡을 '나이떡' 또는 '섬떡'이라고 부르지요.

영등할망을 맞이하는 제주도 사람들
제주도에서는 이날 바람을 다스려 농사와 어업에 도움을 주는 '바람의 신'인 영등신을 위하는 굿을 벌여요. 전해지는 이야기에 따르면 영등할망(제주도에서 영등신을 부르는 말)은 음력 2월 1일에 하늘에서 내려와 집집마다 다니면서 사는 형편을 조사하고, 2월 15일에 다시 하늘로 올라간다고 해요.

음력 3월 3일
삼짇날

강남 갔던 제비가 돌아오는 날
음력 3월 3일은 '삼짇날'이에요. 삼짇날은 '삼질'과 '날'이 합쳐진 말로, 옛말인 삼일은 '삼일(3일)'이 변하여 전해진 것으로 짐작해요. 이날은 삼(3)이 거듭되는 날이란 뜻으로 '중삼(重三)'이라고 부르기도 해요. 또 '답청절'이라고도 하는데, 답청(踏靑)은 봄에 파릇파릇한 풀을 밟으며 산책하는 것을 말해요.

밝은 기운이 넘치는, 홀수가 두 개 겹치는 날
옛사람들은 음력으로 홀수가 두 개 겹치는 날을 밝고 따뜻한 기운이 넘치는 좋은 날이라고 여겨, 명절로 삼아 지켜 왔어요. 3월 3일은 삼짇날, 5월 5일은 단오, 7월 7일은 칠석, 9월 9일은 중양절로 말이지요.

강남 갔던 제비가 돌아오는 날
삼짇날을 가리켜 '강남 갔던 제비가 돌아오는 날'이라고 해요. 여름 철새인 제비는 추운 겨울이 오기 전에 따뜻한 곳을 찾아 떠났다가 봄이면 다시 우리나라로 돌아오는데, 우리 조상들은 제비가 추위를 피해 떠나는 곳이 강남이라고 생각했대요. 말 그대로 '강의 남쪽'이라는 뜻의 강남(江南)은 옛사람들이 중국 양쯔강의 남쪽 지역 또는 남쪽의 먼 곳을 가리켜 부르던 말이기도 해요.

제비맞이 놀이
봄을 알리는 새인 제비는 해충은 잡아먹지만 곡식은 건드리지 않아, 우리 조상들에게 많은 사랑을 받았어요. 그래서 집 처마에 제비가 집을 지으면 좋은 일이 생긴다고 여겼고, 삼짇날 일어나자마자 제비를 보면 일 년 내내 몸이 가벼워 부지런하게 지낼 수 있다고도 여겼어요. 또 봄에 제비를 처음 보았을 때 절을 세 번하고 왼손으로 옷고름을 풀었다가 다시 매면서 '제비맞이'를 했는데, 이렇게 하면 그해 여름에 더위를 먹지 않는다고 믿었대요.

화전과 쑥떡
삼짇날에는 봄철에 나는 재료로 여러 가지 떡을 만들어 먹었어요. 찹쌀가루를 반죽하여 둥글납작하게 빚어 진달래꽃을 얹은 다음, 참기름을 발라가며 지진 '진달래화전'이 대표적이지요. 또 부드러운 쑥 잎을 따서 찹쌀가루에 섞어 찐 '쑥떡'도 만들어 먹었어요.

봄나들이 꽃놀이
답청절이라고도 부르는 날이니 파랗게 난 풀을 밟으며 걸어야겠지요? 이날에는 남녀노소 모두 산이나 들판으로 나들이를 가 봄을 즐겼어요. 여자들은 정성껏 음식을 준비해 경치 좋은 곳으로 가서 꽃놀이를 하며 하루를 보냈지요. 활짝 핀 진달래꽃을 꺾어 머리에 꽂기도 하고, 춤을 추거나 화전을 부쳐 먹기도 했는데, 이를 '화전놀이' 또는 '화류놀이'라고 불러요.

양력 4월 5일 무렵
한식

찬 음식도 먹고 조상의 산소도 돌보는 날

한겨울 동지(양력 12월 22일 무렵)로부터 105일째 되는 날(양력 4월 5일이나 6일)은 '한식(寒食)'이라는 명절이에요. 한식은 한자어로 차가울 '한(寒)'자에 먹을 '식(食)'자가 합쳐진 말로, 말 그대로 '찬 음식을 먹는 날'이라는 뜻이지요. 우리 조상들은 한 해의 여러 명절 중에서도 한식을 중요한 명절로 여겼고, 지금까지도 설날, 단오, 추석과 함께 4대 명절의 하나로 꼽고 있어요.

불을 조심하라! 새 불을 피워라!

한식에 찬 음식을 먹는 것은 '불' 때문이에요. 이날에는 바람이 평소보다 훨씬 심해서 불로 큰 재난을 당할 수 있다고 여겨, 불을 사용하지 않고 찬밥이나 찬 음식을 먹게 되었다는 이야기가 전해져요. 또 이날에는 불이 없어서 찬 음식을 먹었다는 이야기도 있어요. 옛사람들은 오래 묵은 불은 생명력이 약하고 사람에게 이롭지 못하다고 생각했대요. 그래서 주기적으로 오래 사용한 불을 끄고 새로 불을 피워 사용했는데, 그 사이의 '불 없는 날'이 바로 한식인 것이지요.

임금이 내려 준 새 불

조선 시대에는 한식에 내병조(궁궐 안의 군사 업무를 맡아 보던 곳)에서 버드나무에 구멍을 뚫고 줄을 꿰어 마찰하여 불을 만들어 임금에게 바쳤어요. 임금은 그 불을 관청과 대신들의 집에 나누어 주고, 각 고을의 수령이 이 불을 받아 백성들에게 나누어 주었어요.

조상의 산소 돌보기

한식에 행하는 가장 중요한 풍속은 '성묘'와 '제사'예요. 조선 시대에는 한식날에 종묘(역대 임금과 왕비의 위패를 모시던 왕실의 사당)와 각 능원(왕과 왕비, 왕족의 무덤)에서 국가적인 제사를 지냈어요. 일반 백성들도 이를 따라 조상의 산소를 찾아가 돌보는 성묘를 하고, 마련해 간 술과 음식으로 차례를 지냈지요. 특별히 이날은 산소에 잔디를 새로 입히거나 비석을 옮기는 작업을 하기도 했어요.

나무 심기 좋은 날

한식날인 양력 4월 5일 무렵은 나무 심기에 좋은 날씨가 이어져요. 그래서 옛사람들은 이날에 산이나 묘소 근처에 나무를 심기도 했어요. 같은 이유 때문일까요? 양력 4월 5일은 나무를 심고 가꾸도록 권장하기 위해 국가에서 정한 '식목일'이지요.

쑥과 진달래, 메밀국수

한식 때에는 주로 봄나물인 쑥을 이용해 떡이나 음식을 만들어 먹었어요. 찹쌀가루와 쑥으로 만든 떡에 다진 대추나 팥소를 넣고 꿀을 발라 고물을 입힌 '쑥단자'라는 떡이 대표적이지요. 또 진달래꽃을 따다가 담근 술이나 진달래꽃을 얹은 화전을 먹기도 하고, 메밀국수를 만들어 먹기도 했어요. 특히 이날 먹는 메밀국수는 '한식면'이라고 하여 별미(특별하게 좋은 맛)로 여겼다고 해요.

쑥단자   진달래화전   한식면 (메밀국수)

명절 '한식'과 절기 '청명'

24절기 중 다섯 번째 절기인 청명은 양력 4월 5일이나 6일로 한식과 같은 날이거나 하루 사이예요. 그래서 '한식에 죽으나 청명에 죽으나'라는 속담이 생겨나기도 했어요. 하루 빨리 죽으나 늦게 죽으나 마찬가지라는 말로, 이것이나 저것이나 크게 다르지 않다는 뜻이지요. 하지만 한식은 불과 관계가 깊은 명절로, 청명은 농사와 관계가 깊은 절기로서 서로 의미나 성격이 다른 날이라고 할 수 있어요.

음력 4월 8일
초파일

연등이 주렁주렁 '부처님 오신 날'

음력 사월 초여드렛날(음력 4월 8일)을 '초파일'이라고 불러요. 불교를 만든 석가모니가 태어난 날로 '석가 탄신일' 또는 '부처님 오신 날'이라고도 하지요. 초파일은 불교의 가장 큰 명절이면서 오래전부터 우리 민족이 함께 즐겨 온 민속 명절이기도 해요. 이날에는 사찰은 물론이고 거리 곳곳, 집집마다 등을 밝혀 부처님의 탄신을 축하하고 여러 가지 행사를 치르며 축제를 즐겼어요.

연등과 연등회

등에 불을 밝히는 것을 '연등(燃燈)'이라고 하고, 초파일에 연등을 켜고 부처님에게 복을 비는 불교 의식을 '연등회'라고 해요. 연등회는 우리 역사에서는 1,100여 년 전 통일 신라에서부터 시작되어 현재까지 이어져 온 전통 축제예요. 불교를 국가 종교로 삼았던 고려 때 특히 활발하게 행해졌는데, 사찰은 물론 궁궐과 관청, 시장, 민가에서도 연등을 켜고 초파일을 기념하였어요.

연등회는 언제부터 시작되었을까?

석가모니가 '영취산'이라는 곳에 계실 때의 일이었어요. 난타라는 가난한 여인이 어렵게 마련한 기름으로 등불을 밝혀 부처님에게 올리고, 밤새 지극한 정성으로 기도를 드렸어요. 이윽고 밤이 깊어져 세찬 바람에 부처님에게 올려진 수많은 등불이 모두 꺼졌지만, 여인의 등불만은 밝게 빛나고 있었어요. 그 다음부터 부처님을 믿는 사람들은 이 여인처럼 정성을 다해 등을 밝혀 기도 드렸고, 이것이 연등 행사로 이어지게 되었다고 해요.

수많은 등불이 밤을 수놓다

연등 행사에는 연꽃 모양을 비롯한 여러 가지 모양의 등을 만들어 달아요. 수박등, 마늘등, 잉어등, 거북등, 오리등, 학등, 일월등, 방울등, 화분등, 항아리등, 가마등, 누각등, 배등, 만세등, 태평등, 수복등 등 각양각색의 등이 있지요. 등은 나무를 깎아 만든 살에 종이를 바르는 것이 보통이지만, 때때로 종이 대신 오색 비단으로 화려하게 장식하기도 했어요.

밤새도록 관등놀이

유교를 따르고 불교를 멀리한 조선 시대에도 초파일이면 일반 백성들은 집집마다 등을 달고 놀이를 즐겼어요. 나라에서 밤에 거리를 다니는 것도 허락하여, 사람들은 등으로 가득한 거리를 밤새도록 돌아다니며 구경을 할 수 있었지요. 이렇게 초파일에 등을 달고 구경하며 노는 것을 '관등놀이'라고 불러요.

불꽃놀이!

이날 밤에는 불꽃놀이를 하기도 했어요. 참나무나 뽕나무 숯가루에 소금 등을 섞어 한지로 싼 다음, 천천히 타들어 가도록 여러 마디로 묶어요. 이것들을 장대 위나 높은 곳에 건 줄에 매달아 태우면 불꽃이 사방으로 흩어져요.

탑돌이

사찰에서는 부처님 오신 날을 축하하는 행사가 끝나면 '탑돌이'를 해요. 탑을 돌며 개인과 가정의 평안을 기원하는 불교 의식이자 민속놀이이지요.

초파일에 어린이들은

초파일이 되기 한 달 전부터 어린이들은 대나무에 종이를 오려 만든 기를 매달아 마을을 돌아다니며 곡식이나 옷감을 구했어요. 이를 '호기놀이'라고 부르는데, 고려 때부터 시작된 이 풍속은 연등 비용을 마련하기 위한 것이었다고 해요. 한편 초파일 당일에는 등이 달린 장대 밑에 앉아서 물을 담은 동이에 바가지를 엎어 놓고 두드리는 '물장구' 놀이를 했어요. 또 이 날이면 절 앞에 어린이 물건을 파는 커다란 장이 서서, 아이들은 부모를 따라 절에 다녀오는 길에 장난감도 얻어 올 수 있었지요.

음력 5월 5일

단오

그네도 뛰고 씨름도 하는 큰 명절날

음력 5월 5일은 우리나라 4대 명절의 하나인 '단오(端午)'예요. 단오는 한자어로 처음을 뜻하는 '단(端)'자에 다섯을 뜻하는 '오(午)'자가 합쳐진 말로 초닷샛날, 즉 5일을 뜻하지요. 우리 조상들은 단오를 '수릿날'이라고도 불렀는데, 이는 '높은 신이 오시는 날'이란 뜻으로 높은 날 또는 최고의 날을 의미하기도 해요. 단오는 태양의 기운이 강한 홀수가 두 번 겹치는 날 중에서도, 그 기운이 가장 왕성한 날이라 하여 큰 명절로 여겨 왔어요.

단오는 태양의 축제

단오는 태양의 기운이 가장 왕성한 날이라 여겨졌어요. 《수서》에 신라 사람들을 가리켜 일월신(日月神)을 경배하는 민족이라 하였고, 또 다른 기록에는 삼한(삼국 시대 이전에 우리나라 남쪽에 있었던 세 나라인 마한, 진한, 변한) 사람들은 수릿날에 신에게 제사를 지내고 밤낮으로 잔치를 벌였다고 전해져요. 대보름 축제가 달의 축제였다면, 단오 축제는 태양의 축제라고 할 수 있지요.

조상과 산신에게 제사를 올리다

예로부터 단오는 우리 민족의 큰 명절로 많은 풍속이 행해졌는데, 그중에는 '단오절사'와 '단오고사'라고 부르는 제사 풍속이 전해져요. 단오절사는 단오를 맞이하여 조상에게 올리는 제사로, 여기에서 '절사'는 계절이나 명절이 바뀔 때에 따라 지내는 제사를 말해요. 또 단오고사는 단옷날 산신(산신령)에게 올리는 제사로, 집안의 평안과 오곡의 풍년 그리고 자손의 번창을 빌었다고 해요. 단오고사는 주로 강원도 지역에서 행해졌어요.

단오첩

이날 궁중에서는 신하들이 단옷날을 축하하는 시를 지어 임금에게 올리는 풍속이 있었어요. 조선 후기까지 이어져 내려온 풍속으로, 처음 시작은 정확히 알 수 없지만 고려 시대에 왕과 신하가 단오시를 지어 주고받았다는 기록이 전해져요. 이렇게 단오에 신하들이 올린 축시(축하의 뜻을 담은 시)를 기록한 책을 '단오첩'이라고 불러요. 단오첩에 기록된 시는 등수를 매겨서 뽑힌 시들을 궁궐의 각 건물 기둥에 써서 붙였다고 해요.

단오 부채

조선 시대에는 단오에 공조(조선 시대 행정 기관)에서 부채를 만들어 임금에게 올리면, 임금은 이것을 신하와 시종들에게 내려 주었어요. 이 부채를 '단오 부채'라고 하는데, 부채를 받은 신하와 시종들은 이것을 또 친척과 친지에게 나누어 주었지요. 이 풍속이 일반 백성들에게도 전해져 단옷날이면 부채를 선물로 주고받게 되었어요. "단오 선물은 부채요, 동지 선물은 책력(오늘날의 달력)이다"라는 옛말도 전해지지요.

창포물에 머리를 감다

단옷날이면 여자들은 특별히 치장을 하였어요. 창포를 넣어 삶은 물로 머리를 감고 얼굴과 몸을 씻은 다음, 새 옷을 입고 창포 뿌리를 깎아 만든 창포비녀를 꽂아요. 이를 '단오장'이라고 부르는데, 이렇게 하면 나쁜 병이나 기운을 물리칠 수 있다고 여겼어요. 또 단옷날 창포물에 머리를 감으면 머리에 윤기가 나고 머리카락이 빠지지 않는다고 하여, 이날 여자들이 창포물에 머리를 감는 풍속이 생겼지요.

"오월 단오 안에는 못 먹는 풀이 없다"

단오는 양(陽)의 수인 5가 중복되어 일 년 중 양기, 즉 해의 기운이 가장 왕성한 날이라고 했지요. 해의 기운을 흠뻑 받아 자란 단오 무렵의 풀은 건강에 좋을 것이라 여겨졌어요. 여기에서 "오월 단오 안에는 못 먹는 풀이 없다"라는 속담이 생겨났지요. 이날 창포물로 머리를 감거나 쑥으로 떡을 만들어 먹는 것도 같은 이유 때문이에요.

단오 민속놀이

씨름

우리 민족이 고대부터 즐겼던 남자들의 민속놀이이자 운동 경기예요. 모래판 위에서 두 사람이 샅바(허리와 다리에 둘러 묶어서 손잡이로 쓰는 천)를 잡고 힘과 기술을 부리어 상대방을 넘어뜨리는 것으로 승부를 겨루지요. 마을에 경사스러운 일이 있을 때나 명절에 즐거움을 나누기 위해 씨름을 즐겼는데, 특히 단옷날에 가장 널리 행해졌어요. 경기에서 우승한 사람은 황소를 상품으로 받고, '장사' 또는 '천하장사'라는 칭호도 얻어요.

그네뛰기

단오에는 젊은 여인들이 그네를 뛰면서 놀아요. 그네뛰기는 큰 나무의 가지나 두 기둥 사이로 가로지른 막대에 두 가닥의 줄을 매어 늘이고, 줄의 맨 아래에 밑싣개(앉을깨)를 걸쳐 놓고 올라서서 몸을 날려 앞뒤로 왔다 갔다 하는 놀이예요. 꽃가지나 방울 등을 활용하여 그네가 닿는 공중의 높이를 재는 방식으로 승부를 벌이기도 했지요. 주로 한 사람이 뛰지만 두 사람이 마주 서서 함께 뛰는 맞그네뛰기도 있어요.

봉산 탈춤

봉산 탈춤은 황해도 봉산 지방에서 전해 내려오는 우리나라를 대표하는 탈춤으로, 다양한 탈(가면)을 쓰고 춤을 추며 놀이(공연)를 벌여요. 7과장(마당)으로 구성되고 사자춤이 있는 것이 특징이지요. 단오에 앞서 한 달 동안 합숙하면서 연습을 하고, 단옷날에는 장작불을 피워 놓고 밤새도록 탈춤을 추었어요. 단옷날뿐만 아니라 고을에 경사가 있거나 외국 사신을 대접할 때에도 특별히 공연되었다고 해요. 우리나라 국가 무형 문화재로 지정되어 있어요.

수릿날에는 수리취떡

수리취떡은 수리취라는 풀의 연한 잎을 멥쌀가루에 섞어 쪄서, 수레바퀴 모양의 떡살로 찍어 내 만든 떡을 말해요. 향긋하면서도 쌉쌀한 맛이 특징이지요. 수리취떡을 만들어 먹는 날이라 하여 단오를 수릿날이라고 부르게 되었다는 이야기도 있어요. 수리란 우리말의 수레(車)를 뜻하는 말이거든요.

앵두가 제철!

단오 무렵의 제철 과일로는 '앵두'를 꼽을 수 있어요. 그래서 단옷날이면 앵두화채와 앵두편을 만들어 먹었지요. 앵두화채는 앵두의 씨를 빼고 꿀에 재웠다가, 다시 이 앵두를 앵두꿀물에 넣고 잣을 띄운 음식이에요. 앵두편은 앵두를 삶아 걸러 낸 즙에 녹말과 꿀을 넣고 약한 불에 졸여서 엉기게 하여 굳힌 음식이고요.

궁중에서는 제호탕

단옷날에는 궁중 내의원에서 제호탕을 만들어 올리면, 임금이 이것을 대신들에게 내려 주는 풍속이 있었어요. 제호탕은 말린 매실 등의 여러 열매를 곱게 가루로 만들어, 꿀에 재어 끓였다가 냉수에 타서 먹는 음료예요. 단오에 주로 마시던 우리나라 전통 청량음료로, 더위에 지친 몸에 활력을 주고 갈증을 풀어 준다고 해요.

강릉 단오제

강릉 단오제는 가장 규모가 크고 널리 알려져 있는 단옷날 행사예요. 단옷날을 전후하여 강원도 강릉 지방에서 펼쳐지는 제사 의식이자 축제로, 고대부터 이 지역에서 행해지던 제천 의식(하늘에 제사를 지내고 축제를 벌이는 행사)에서 비롯된 것으로 짐작해요. 이 축제에서는 중요 행사인 '대관령 국사 성황신 모시기'를 포함한 강릉 단오굿이 열리고, 탈놀이와 씨름 등 각종 민속놀이가 벌어져요. 우리나라 국가 무형 문화재와 유네스코 인류 무형 유산으로 지정되었어요.

여러 나라의 단오

중국의 단오

중국에서는 단오를 '오(五)'가 겹친 날이라 하여 '중오절(重五節)'이라고도 하고, 홀수가 겹친 날 중 가장 해가 강한 날이라 하여 '단양절(端陽節)'이라고도 해요. 큰 명절로 지내며 국가 공휴일로 정해져 있지요. 이 날에는 단오의 역사와 관계가 깊은 용선 축제가 열리는데, 용선 축제에서는 뱃머리를 용 모양으로 장식한 배를 타고 20여 명이 노를 저어 속도를 겨루는 용선 경주를 즐겨요.

단오와 초나라 굴원 전설

옛날 중국 초나라에 굴원이라는 충성스러운 신하가 있었어요. 그러나 그를 시기한 간신들의 모함으로 굴원은 귀양을 가게 되었고, 그러던 중 초나라가 멸망했다는 소식에 강에 몸을 던졌어요. 굴원의 시신을 찾기 위해 사람들은 배를 타고 강가를 돌아다녔지만 보이지 않았고, 그 후 매년 굴원이 죽은 음력 5월 5일에 용선을 저어 이를 기념하게 되었어요. 또 굴원의 시신을 지키고자 쫑즈라고 부르는 음식을 강에 던져서 물고기들이 대신 먹게 하였다고 해요.

일본의 단오

일본에서는 단오를 양력 5월 5일에 지내는데, 일본어로는 '단고노셋쿠'라고 하지요. 예로부터 일본에서도 이날 재앙을 물리친다는 창포와 쑥을 지붕에 꽂고, 창포물에 목욕을 하며 무병장수를 바랐다고 해요. 또 일본에서는 단오가 남자아이의 명절로 여겨졌어요. 그래서 이날 '고이노보리(장수를 기원하는 잉어 모양 깃발)'를 세우고, 몸을 지키는 갑옷이나 투구로 집안을 장식하여 남자아이의 건강과 성장을 기원했다고 해요.

베트남의 단오

베트남에서 단오는 설날 다음으로 큰 명절이에요. 베트남어로 '뗏 도안 응오'라고 하며 매년 음력 5월 5일이지요. 예로부터 베트남의 음력 5월은 농산물을 수확하는 시기이자 더운 날씨에 벌레들이 기승을 부리는 때여서, 농촌에서는 단옷날을 '벌레 죽이는 날'로 삼아 지켜 왔다고 해요. 이날 아이들은 꽃을 빻아 레몬 주스를 넣어 만든 재료로 손톱을 빨갛게 물들이기도 하는데, 붉은색이 나쁜 기운을 물리친다고 여기기 때문이래요.

음력 6월 15일
유두

흐르는 물에 머리를 감고 목욕하는 날

더위가 한창 기승을 부리는 음력 6월 15일은 '유두(流頭)'라는 명절이에요. 우리 민족 고유의 명절로 양력으로는 7월 말이나 8월 초 무렵이지요. 유두는 한자어로 흐를 '유(류, 流)'자와 머리 '두(頭)'자가 합쳐진 말로서, 이날이면 흐르는 물에 머리를 감았다고 해서 이름이 붙여졌어요. 옛날에는 이 무렵이 농사일로 눈코 뜰 새 없이 바쁜 시기여서, 우리 조상들은 더위와 농사일로 지친 몸과 마음을 이날 하루를 쉬면서 충전했다고 해요.

'동류수두목욕'과 물맞이

우리나라 명절인 유두는 천 년도 훨씬 전인 신라 시대에 생겨난 풍속으로 짐작해요. 유두는 '동류수두목욕(東流水頭沐浴)'의 줄임말로, 동쪽으로 흐르는 물에 머리를 감고 목욕을 한다는 뜻이에요. 왜 동쪽으로 흐르는 물에 씻었을까요? 옛사람들은 동쪽을 기운이 매우 활발한 곳으로 여겼고, 그 기운을 받으면 더위를 타거나 나쁜 일이 생기지 않는다고 생각했기 때문이에요. 또 유두를 '수두'라고도 하는데, 수두란 '물맞이'라는 뜻으로, 옛 신라의 땅이었던 경상도 지역에서는 지금도 유두를 물맞이라고 부르기도 해요.

유두천신

유둣날 아침 가정에서는 밀가루로 만든 여러 음식과 햇곡식, 참외나 수박 같은 햇과일을 차려 놓고 조상에게 제사를 지냈어요. 이를 '유두천신'이라고 부르지요. 천신이란 철에 따라 새로 난 과실이나 곡식을 집안의 신에게 올리는 것을 말해요.

유두잔치

유두천신이 끝나면 가족이나 가까운 사람들과 함께 맑은 시내나 산속 폭포에 가서 머리를 감고 몸을 씻었어요. 그리고 가지고 간 음식을 먹으면서 시원하게 하루를 보냈는데, 이것을 '유두잔치'라고 해요. 이렇게 하면 여름에 더위를 먹지 않고 질병을 물리칠 수 있다고 해요.

농신제를 지내다

이날 농가에서는 밀가루로 떡을 만들고 참외나 생선 등의 음식을 장만하여, 논의 물꼬(논에 물이 넘나들도록 하기 위해 만든 좁은 통로)나 밭 가운데에 차려 놓고 농사를 관리하는 신에게 풍년을 기원하는 '농신제'를 지내요.

선비들의 유두 놀이

조선 시대에는 유둣날이면 선비들도 시원한 산속 계곡에 발을 담그고 더위를 식혔어요. 이것을 '탁족 놀이'라고 불렀는데, 탁족(濯足)은 '발을 씻는다'는 뜻으로 몸을 노출하는 것을 꺼렸던 선비들에게 딱 맞는 피서법이었지요. 선비들이 경치 좋은 곳을 찾아 탁족을 하며, 글을 짓고 담소를 나누는 '탁족회'라는 모임도 있었어요.

🍡 유두 먹을거리

유둣날에는 특별히 유두면과 수단, 연병, 상화떡 등의 음식을 만들어 먹고 제사상에 올리기도 했어요.

- **유두면** : 햇밀가루를 반죽하여 구슬 모양처럼 만들어 끓는 물에 삶아 낸 국수예요. 시대가 흐르면서 지금의 가늘고 긴 국수 모양으로 변했지요. 이날 밀국수를 해 먹으면 더위를 타지 않는다고 여겼대요. 또 구슬 모양의 유두면을 오색으로 물들인 다음 3개씩 포개어 색실로 꿰어서 허리에 차거나 대문 위에 걸어 두었는데, 이렇게 하면 나쁜 기운을 막을 수 있었다고 해요.
- **수단** : 쌀가루를 반죽하여 경단 모양으로 빚어서 녹말 가루를 입힌 다음, 삶아서 찬물에 헹구고 이것을 꿀물에 띄워 마시는 음료예요.
- **연병** : 밀가루를 반죽하여 얇게 밀어서 기름에 지진 다음, 나물로 만든 소(속 재료)나 꿀에 버무린 콩과 참깨로 만든 소를 넣어 돌돌 말아서 먹는 음식이에요.
- **상화떡** : 밀가루를 술로 반죽하여 발효시켜서 껍질을 벗긴 팥으로 만든 소를 넣고 빚어서 시루에 찐 떡이에요. 칠석날에도 먹었다고 해요.

음력 6~7월
삼복

여름 더위가 한창인 '초복', '중복', '말복'

무더위가 한창인 음력 6~7월에 '삼복(三伏)'이라는 잡절(24절기가 아닌 잡다한 절기)이 있어요. 삼복은 '초복(初伏)', '중복(中伏)', '말복(末伏)'을 합쳐서 부르는 말이지요. '복(伏)'자는 '엎드리다', '굴복하다'라는 뜻으로, 가을의 서늘한 기운이 땅으로 내려오다가 아직 여름의 강렬한 더운 기운 때문에 일어서지 못하고 엎드려 복종한다는 의미예요. 우리 조상들은 여름철 중에서도 가장 더운 이 시기를 '삼복더위'라고 불렀어요.

삼복은 독특한 절기

삼복은 24절기를 기준으로 과거에 날짜나 연도를 셀 때 사용했던 육십갑자의 '천간(天干)'을 적용한 독특한 절기예요. 초복은 하지(양력 6월 21일 무렵) 후 세 번째 경일(庚日)이고, 중복은 하지 후 네 번째 경일(庚日), 말복은 입추(양력 8월 7일 무렵) 후 첫 번째 경일(庚日)이에요. 천간(10간)은 갑(甲), 을(乙), 병(丙), 정(丁), 무(戊), 기(己), 경(庚), 신(辛), 임(壬), 계(癸)의 10가지로, 달력의 날짜마다 붙은 육십갑자 두 글자 중 '경(庚)'으로 시작하는 날이 경일(庚日)이에요.

복달임과 이열치열

복날 풍속은 여름 더위를 견딜 수 있게 몸에 좋은 음식을 먹는 것이었어요. 특히 복날에 고기로 국을 끓여 먹는 것을 '복달임'이라고 불렀지요. 복달임 음식의 바탕은 '이열치열(以熱治熱)'인데, 이는 열은 열로써 다스린다는 뜻으로 전통 의학 처방 중 하나였어요. 한의학에서는 덥다고 찬 음식을 자주 먹으면 오히려 몸속이 점점 차가워져, 위장과 간이 제 기능을 하지 못하고 병에 걸리기 쉽다고 여기기 때문에, 따뜻한 음식으로 여름철 차가워진 속을 다스려요. 그래서 복날에는 펄펄 끓인 뜨거운 음식이나 몸을 따뜻하게 해 준다는 재료로 만든 음식을 먹게 된 것이지요.

복날 대표 음식 '삼계탕'

복달임의 대표 음식은 삼계탕이에요. 성질이 따뜻해서 먹으면 몸을 따뜻하게 해 준다는 닭고기와 인삼으로 탕을 끓여 한여름의 보양 음식으로 먹는 것이지요. 무더운 여름을 견뎌 내는 '이열치열'에 딱 맞는 음식이라고 할 수 있어요.

육개장과 닭개장

궁중이나 양반집에서는 복날에 쇠고기와 채소, 갖은 양념을 함께 넣고 얼큰하게 끓인 육개장을 먹기도 했어요. 이날이면 궁중에서 관리들에게 쇠고기를 내려 주기도 했대요. 일반 백성들은 귀한 쇠고기 대신 닭고기를 넣고 끓이는 닭개장을 만들어 먹었어요.

삼복에 먹는 팥죽 '복죽'

복날에 쑤어 먹는 팥죽을 '복죽'이라고 불러요. 특히 궁궐에서는 초복, 중복, 말복에 매번 복죽을 먹었다고 해요. 옛사람들은 팥의 붉은색을 귀신이 두려워하는 색깔이라고 여겼고, 팥죽을 쑤어 먹으면 더위와 함께 찾아오는 나쁜 기운을 쫓고 질병에도 걸리지 않는다고 생각했대요.

이웃 나라는 복날에 무얼 먹을까?

중국과 일본에서도 무더운 여름을 잘 지내기 위해 복날에 몸에 좋은 음식을 먹는다고 해요. 먼저 중국은 초복에는 국물과 함께 만두를, 중복에는 국물이 있는 국수를, 말복에는 계란으로 만든 전병 등을 먹어요. 일본에서는 우리나라의 초복에 해당하는 '도요노우시노히'라고 부르는 복날에 장어를 양념하여 밥 위에 얹은 장어덮밥을 먹어요. 장어는 뼈와 근육을 튼튼하게 하고 약해진 기운을 북돋아 준다고 해요.

특별한 물건을 나누어 주다

조선 시대에는 삼복이면 임금이 신하들에게 특별한 물건을 내려 주었어요. 바로 찌는 듯한 더위를 식혀 주는 얼음이었지요. 당시에는 얼음이 무척이나 귀했거든요. 궁궐에서 벼슬이 높은 관리나 관청에 빙표(얼음을 받을 수 있는 교환권)를 나누어 주면, 그것을 가지고 장빙고(겨울에 떠낸 얼음을 보관해 두는 창고)에 가서 얼음을 받을 수 있었어요.

음력 7월 7일
칠석

견우와 직녀가 일 년에 한 번 만나는 날

음력 7월 7일은 '칠석(七夕)'이라고 부르는 날이에요. 칠석은 한자어로 일곱(7)을 뜻하는 '칠(七)'과 밤(저녁)을 뜻하는 '석(夕)'자가 합쳐진 말로, 음력 칠월 초이렛날의 밤을 뜻하지요. 이날 밤하늘에는 은하수가 펼쳐지고, 은하수를 사이에 두고 크게 반짝이는 두 별이 보여요. 하나는 견우별로, 또 하나는 직녀별로 불리는 별이지요. 견우와 직녀가 일 년에 한 번 만난다는 칠석날에는 어떤 일들이 있었을까요?

견우와 직녀 이야기

하늘을 다스리는 옥황상제의 손녀이자 옷감 짜는 일을 하는 직녀는 은하수 건너편에 사는 착실한 목동 견우와 혼인을 하였어요. 그런데 견우와 직녀가 놀고먹기만 하며 자신들의 일을 게을리하자, 화가 난 옥황상제가 둘을 떨어져 살게 하였어요. 두 사람은 은하수를 사이에 두고 서로를 그리워하며 눈물로 세월을 보냈고, 이를 가엾게 여긴 옥황상제는 일 년에 딱 한 번 칠석날에 만나는 것을 허락했어요. 하지만 둘 사이에 놓인 은하수 때문에 이날에도 만날 수 없게 되자, 이들의 안타까운 사랑을 알게 된 까마귀와 까치가 하늘로 올라가 몸을 잇대어 다리를 만들어 주었어요. 이 다리는 까마귀(烏)와 까치(鵲)가 놓은 다리(橋)여서 '오작교(烏鵲橋)'라고 부르지요. 견우와 직녀는 해마다 칠석날이 되면 오작교를 건너서 애틋한 하루를 보내게 되었답니다.

칠석날에 얽힌 전설

칠석날에 얽힌 견우와 직녀 이야기는 고대 중국에서 비롯되어 우리나라와 일본 등에 전해져 내려오는 전설이에요. 사람들의 입에서 입으로 전해진 이 전설을 글로 쓴 가장 오래된 기록은 500년대에 지어진 중국의 《형초세시기》라는 세시 풍속에 관한 책에서 찾을 수 있어요. 우리나라에서는 408년에 지어진 덕흥리 고구려 고분 벽화에 은하수를 사이에 둔 견우와 직녀의 그림이 그려져 있어요.

견우별과 직녀별

음력 7월이 되면 밤하늘에는 북두칠성이 높이 솟고 은하수가 밝고 넓게 펼쳐져요. 이때 은하수 동쪽으로 직녀별이 희미하게 비치고, 서쪽에는 견우별이 환하게 빛을 발해요. 마치 서로를 그리워하는 듯한 모습이지요. 그리고 드디어 음력 7월 7일 칠석날이 되면 밤하늘의 맨 꼭대기에서 두 별이 매우 가까이에 있는 것을 볼 수 있어요. 견우와 직녀가 일 년에 한 번씩 만나는 것처럼 말이에요.

북두칠성에 소원을 빌다

우리 조상들에게 칠석날은 밤하늘의 별을 보는 날이었어요. 북두칠성을 바라보며 인간의 운명과 수명을 다루는 신인 칠성신에게 가족의 건강과 장수를 빌었어요. 또 국자 모양으로 생긴 북두칠성을 흉내 내어 입을 벌리고, 별을 보며 복을 빌기도 했지요. 이때 은하수가 또렷이 보이면 그해 풍년이 든다고 여겼대요.

칠석 무렵에 내리는 비

옛날부터 칠석 무렵이면 비가 내리는 때가 많았어요. 이 비를 '칠석비(七夕雨)'라고 부르지요. 옛사람들은 칠석날에 내리는 비는 견우와 직녀가 만나 기뻐서 흘리는 기쁨의 눈물로, 그 이튿날 아침에 오는 비는 이별을 슬퍼하는 슬픔의 눈물이라고 생각했대요. 또 칠석 하루 전날에 내리는 비는 '수레 씻는 비'라는 뜻의 '세거우(洗車雨)'라고 불렀어요. 견우와 직녀가 만나러 가기 전에 타고 갈 수레를 씻는데, 그 물이 인간 세상에 비가 되어 내린다고 여긴 것이지요.

바느질 솜씨가 좋아지길 바라며

직녀가 옷감을 짜는 여인이어서 그럴까요? 이날 직녀별에 제사를 지내는 풍속이 전해져요. 칠석날 새벽이나 밤에 여인들은 바느질감과 오이, 참외 등으로 상을 차려 놓고, 절하며 바늘질 솜씨가 좋아지게 해 달라고 빌었어요. 이를 '걸교(乞巧)'라고 부르지요. 제사가 끝나고 상 위에 거미줄이 쳐져 있으면 직녀가 소원을 들어준 것이라 믿고 기뻐했다고 해요.

책과 옷 말리기

《동국세시기》(조선 후기에 우리나라의 세시 풍속을 기록한 책)에는 칠석날에 "인가에서 옷을 햇볕에 말리는데, 이는 옛날 풍속이다"라고 기록되어 있어요. 책이나 옷을 햇볕과 바람에 쏘여 말리는 것을 '쇄서폭의(曬書曝衣)', 줄여서는 '포쇄'라고 부르는데, 책이나 옷을 오래 보존하기 위한 풍속으로 장마가 끝나고 햇볕이 좋은 때인 칠석 무렵에 주로 행했어요. 특히 《조선왕조실록》을 보관하던 사고에서는 포쇄를 매우 엄격하게 했다고 해요.

음력 7월 15일
백중

여름 농사로 고생한 농민들을 위한 날

음력 7월 15일은 '백중(百中)'이라는 날이에요. 백중(白中), 백종(百種), 중원일(中元日), 망혼일(亡魂日) 등 여러 이름으로 불렸지만 '백중(百中)'이란 말로 통일되었지요. 그중에서도 '백종(百種)'은 이 무렵에 과일과 채소가 많이 나와서 '백 가지의 씨앗을 갖추어 놓았다' 하여 생긴 말이에요. 백중날은 어떤 날이고 또 우리 조상들은 백중날을 어떻게 보냈을까요?

백중은 '농민들의 명절'

백중 무렵이면 농촌에서는 마지막 김매기(논밭에 난 잡풀을 뽑아내는 일)가 끝나요. 그러면 한동안 농사일을 쉬며 보내지요. 백중날은 이렇게 더운 때에 여름 농사를 짓느라 수고한 농민들이 음식과 술을 나누어 먹고, 여러 가지 놀이를 즐기면서 하루를 보내는 농민들의 축제이자 명절날이었어요.

머슴의 생일날

이날은 농사일로 고생한 머슴들에게도 특별한 날이었어요. 머슴들은 새 옷을 입고, 받은 돈으로 장에 가서 씨름판이나 농악, 그네 대회 같은 놀이판에서 놀면서 하루를 즐겁게 보냈어요. 또 그해에 농사가 가장 잘 된 집의 머슴을 뽑아, 소에 태워 마을을 돌며 위로하고 노는 풍속도 있었어요. 그래서 백중을 '머슴의 생일날'이라고도 불렀지요.

'망혼일'이라고도 불리다

음력 7월 15일인 백중은 다른 이름으로 '중원'이라고도 부르고(11쪽 참조), 조상의 혼을 위로하는 날이라는 뜻의 '망혼일(亡魂日)'이라고도 불렀어요. 《동국세시기》에는 "우리나라 풍속에 중원을 망혼일이라고도 한다. 일반 백성의 집에서는 이날 저녁 달밤에 채소, 과일, 술, 밥을 차리고 죽은 어버이의 혼을 부른다"라고 기록되어 있어요. 채소와 과일이 풍성한 때를 맞이하여 이날 조상에게 제사를 지내는 풍속이 있었지요.

불교에서는 큰 명절

백중날은 불교에서는 큰 명절이에요. 이날 절에서는 '우란분회'라고 부르는 죽은 영혼을 위한 불교 행사가 열려요. 우란분회는 《우란분경》이라는 경전에 전해지는, 석가모니의 제자 목련이 돌아가신 어머니의 영혼을 구하기 위해 음력 7월 15일에 오미백과(다섯 가지 맛을 가진 온갖 과일)를 쟁반에 담아서 스님들에게 공양했다는 이야기에서 비롯된 것이에요. 옛날에는 백중날이면 불교를 믿지 않는 사람들도 음식이나 재물을 쟁반에 담아, 조상이나 부처에게 올리며 복을 빌었다고 해요.

호미씻이

여름 농사가 거의 끝나는 이 무렵이면 각 지역에서는 일정한 날을 잡아, 여름 내내 썼던 호미와 농기구를 깨끗하게 씻어서 치워 놓아요. 그리고 집집마다 술과 떡, 부침개 같은 음식을 장만하여 마을 잔치를 벌이고, 풍물을 치고 춤추며 흥겹게 놀았어요. 또 산이나 계곡을 찾아서 먹고 마시며 하루를 쉬었지요. 이를 '호미씻이' 또는 '호미씻기'라고 부르는데, 백중의 대표적인 행사라 할 수 있어요.

"백중날 머슴 장가 간다"

백중날이면 마을 어른들은 노총각이나 홀아비 머슴에게 마땅한 여인을 소개하여, 장가들게 해 주고 살림도 장만해 주었다고 해요. 여기에서 "백중날 머슴 장가간다"라는 옛말이 생겼지요. 일하지 않고 놀면서 새 옷과 돈도 얻고, 장가까지 드는 날인 백중은 머슴들에게는 정말로 생일과도 같은 즐거운 날이었어요.

추석

음력 8월 15일

햇곡으로 송편을 빚어 먹는 가장 큰 명절날

보름달이 뜨는 음력 8월 15일은 우리 민족의 으뜸 명절인 '추석(秋夕)'이에요. 추석은 한자어로 가을을 뜻하는 '추(秋)'자와 저녁(밤)을 일컫는 '석(夕)'자가 합쳐진 말로, 말 그대로 '가을 저녁', 더 나아가서는 '가을이 무르익는 달 밝은 밤'을 뜻해요. 우리 조상들은 이 날을 아주 오래전부터 명절로 삼았고, 설날과 함께 우리나라의 가장 대표적인 명절로 이어지고 있어요.

추석의 우리 이름 '한가위'

추석은 한가위, 가위, 가배(嘉俳), 중추절(仲秋節) 등의 이름으로 부르기도 해요. 순 우리말인 한가위는 '크다'는 뜻의 '한'과 '가운데'라는 뜻의 '가위'가 합쳐진 말로, 8월의 한가운데 또는 가을의 한가운데에 있는 큰 날을 의미해요. 가배는 우리말 가위를 한자로 쓴 옛말이고, 중추절은 가을 석 달(음력 7~9월) 중에 중간 달에 있는 명절이라는 뜻이에요.

신라의 길쌈 내기에서 생겨난 말 '가배'

《삼국사기》(우리나라에 현재 전해지는 가장 오래된 역사책)의 신라 제3대 유리왕 9년 기록에 '가배'라는 말이 처음 등장해요. 공주 둘이 여인들을 두 편으로 나눠 거느리고는 음력 7월 16일부터 8월 14일까지 밤낮으로 길쌈(옷감을 짜는 일)을 하여 많고 적음을 가리는 내기를 하였어요. 추석날에 진 편에서 음식과 술을 대접하고, 함께 춤과 노래와 여러 가지 놀이를 즐겼는데 이를 '가배(嘉俳)'라고 하였다 해요.

"더도 말고 덜도 말고 늘 한가위만 같아라"

추석은 한 해 명절 중에서도 으뜸 명절로 꼽아요. "더도 말고 덜도 말고 늘 한가위만 같아라"라는 속담이 있을 정도이지요. 추석 무렵은 한 해 농사가 거의 마무리되어 농사일에 한숨 돌리고, 오곡백과가 무르익어 먹을거리가 가장 풍성한 때예요. 추석날에는 맛있는 음식을 먹고 밤낮으로 즐거운 놀이도 하니, 누구라도 이때와 같은 풍요로움이 이어지길 바라는 마음이었겠지요.

오곡백과

오곡(五穀)은 오래전부터 주식으로 사용한 다섯 가지 중요한 곡식을 말해요. 보통은 쌀, 보리, 콩, 조, 기장을 꼽지만 전해지는 기록마다 그 종류가 조금씩 달라요. 또한 오곡은 다양한 곡식이나 온갖 곡식을 뜻하기도 해서 백과(百果: 백 가지 과일)와 합쳐 '오곡백과'라는 말로 많이 쓰여요. 오곡백과는 '온갖 곡식과 과일', 즉 수확 철에 나오는 갖가지 풍부한 식재료를 가리켜요.

추석 차례 지내기

추석날 아침에는 차례를 지내요. 정성껏 준비한 음식을 차려 놓고 조상께 가을의 결실에 대한 감사 인사를 드리지요. 예법에 따르면 차례상에는 밥과 국 대신 그 명절에 먹는 음식을 올리는데, 설날에 떡국을 올린다면 추석에는 송편을 올려요. 햇곡식으로 빚은 송편을 기본으로 토란국과 전, 적, 나물, 포, 과일 등으로 추석 차례상을 차려요.

성묘하기

차례를 지낸 다음에는 성묘를 해요. 성묘는 조상의 산소를 찾아가 훼손된 곳은 없는지, 풀이 무성한 곳은 없는지 살피고 손질하는 일이에요. 추석을 비롯한 설과 한식에 주로 하지요. 예로부터 조상의 육신(몸)이 묻혀 있는 묘를 돌보는 성묘는 조상의 혼을 모시고 기리는 차례(제사)만큼이나 중요하게 여겨져 왔어요.

추석 민속놀이

강강술래

추석날 밤에 여자들이 모여 손에 손을 잡고 원을 그리며 빙빙 돌면서, '강강술래'라는 후렴이 있는 노래를 부르며 춤추는 놀이예요. 주로 전라남도 해안 지역에서 행해지다 전국적으로 유행하게 되었지요. 강강술래는 보름달과 관련이 깊어요. 농경 사회에서 보름달은 풍요를 상징하고 또한 만삭의 여성을 상징하기도 하는데, 이런 의미에서 추석 보름달 아래 여성들이 즐기는 강강술래는 풍요의 극치를 나타내는 놀이라고 할 수 있어요.

줄다리기

줄다리기는 여러 사람이 양쪽으로 편을 갈라 굵은 밧줄을 마주 잡고서, 정해진 시간 동안 줄을 당겨 줄을 많이 끌어 오는 쪽이 이기는 놀이예요. 남녀노소 누구나 참여할 수 있고, 줄을 만드는 것에서부터 승부를 겨루기까지 협동심이 매우 중요하지요. 대보름이나 단오, 추석 등 명절에 주로 행해지던 대표적인 민속놀이예요.

가마싸움

추석에 남자아이나 어른들이 하던 민속놀이로, 각종 깃발을 앞세우고 가마를 맞부딪쳐서 상대편의 가마를 빼앗거나 부수면 이기는 놀이예요. 주로 서당에서 공부를 하던 학동들이 추석 명절에 즐겨 했다고 해요. 놀이에 사용되는 가마는 바퀴 네 개를 달고, 네 귀퉁이에 줄을 달아 앞뒤로 자유롭게 잡아끌 수 있게 만들어요.

소먹이놀이

농촌에서 농민들이 주로 즐기던 민속놀이예요. 두 사람이 엉덩이를 맞대고 허리를 굽힌 다음, 그 위에 멍석을 덮어 소처럼 꾸미고는 집집마다 다니며 음식을 나누어 먹고 흥겹게 놀아요. 황해도와 경기도, 충청도 지방에서 대보름과 추석에 즐겨 했다고 해요.

여인들은 즐거운 친정 나들이

유교 사회인 조선 시대에는 시집간 여인이 친정에 오가는 것이 어려웠어요. 추석과 같이 특별한 날에는 시가의 허락을 받아 친정 나들이를 할 수 있었는데, 이것을 '근친(覲親)'이라고 해요. 근친을 갈 때에는 햇곡식으로 만든 떡과 술을 가져 가거나 형편에 따라 옷이나 버선 같은 선물을 마련해 갔어요. 또 사정이 여의치 않아 친정 나들이가 힘들 때에는 시가와 친정 사이의 중간쯤 되는 곳에서 집안 여인들끼리 만나는 '반보기'를 했어요. 산이나 시냇가 등 경치 좋은 곳에서 만나 장만해 온 음식을 나누어 먹으며 하루를 즐겁게 보냈다고 해요.

추석 대표 음식 '송편'

추석에 만들어 먹는 대표 음식은 단연 송편이에요. 멥쌀가루를 따뜻한 물로 반죽하여 깨나 팥, 콩, 밤 같은 소를 넣고 반달 모양으로 빚어서 솔잎을 깔고 찐 떡이지요. 원래는 소나무 송(松)자에 떡 병(餠)자를 써서 '송병'이라고 불렸는데, 조선 후기에 이르러 송편(편은 떡을 점잖게 부르는 말)으로 바꿔 불리게 되었어요. 솔잎을 깔고 쪄 낸 떡이기 때문에 붙여진 이름이지요. 이렇게 쪄 낸 송편은 은은한 솔향기가 나고 겉에 솔잎 자국도 남아요.

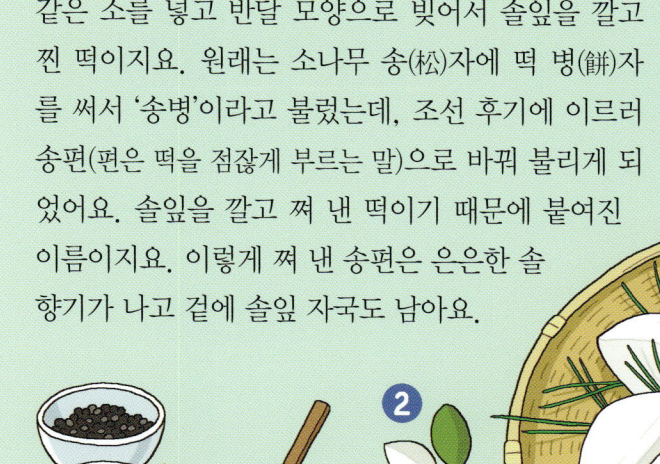

송편은 왜 반달 모양일까?

《삼국사기》에 따르면 삼국 시대 백제의 마지막 왕인 의자왕 때의 일이었어요. 땅속에서 거북이 한 마리가 나왔는데, 거북이 등에는 '백제는 둥근 달이요, 신라는 반달이라'는 글이 쓰여 있었어요. 왕이 점술가를 불러 그 뜻을 묻자 '둥근 달은 가득 차 기울어지고 반달은 점차 가득 차게 된다는 뜻이니, 백제는 망하고 신라는 흥하게 될 것'이라고 답했고, 화가 난 의자왕은 점술가의 목을 베어 버렸어요. 이 이야기가 신라까지 퍼지게 되었고, 신라 사람들은 반달 모양으로 송편을 빚으며 신라의 번창을 빌었다고 해요. 그 뒤로 점술가의 말처럼 백제가 멸망하고 신라가 삼국 통일을 하자, 후세 사람들도 반달 모양의 송편을 만들어 먹게 되었지요.

미국에서는 '추수감사절'

미국에서 매년 11월 넷째 주 목요일은 '추수감사절'이에요. 미국의 가장 큰 명절날로 가족들이 모여 칠면조 구이를 비롯한 여러 음식을 만들어 먹으며 파티를 해요. 우리나라의 추석과 같은 날이라고 할 수 있지요. 1620년 무렵 미국으로 이주한 영국 청교도(그리스도교의 한 교파)인들이 가을 첫 수확을 기념하며 음식을 나누어 먹은 것이 추수감사절의 시작이라고 해요. 이날에는 구운 칠면조 요리뿐 아니라 으깬 감자와 옥수수, 제철 채소, 호박 파이도 함께 만들어 먹어요.

일본에서는 '오봉절'

일본에도 '오봉'이라고 부르는 추석과 비슷한 명절이 있어요. 매년 양력 8월 15일을 중심으로 치러지는 오봉절은 조상의 영혼을 모시는 기간이라고 해요. 조상들의 혼이 집을 잘 찾아올 수 있도록 8월 13일에 '맞이하는 불'을 켜고, 15일이나 16일에 '배웅하는 불'을 피우는 것이 주요한 풍속이에요. 또 이날에는 남녀노소가 모여 함께 춤을 추기도 하고, 보름달 모양으로 둥글게 빚은 '당고'라는 과자도 만들어 먹어요.

추석 명절이 '국가 유산'이 되다

우리 대표 명절인 '추석'을 비롯한 '설과 대보름', '한식', '단오', '동지'가 2023년에 국가 무형 유산으로 지정되었어요. 전통 예능이나 지식이 아닌 생활 관습이 국가 무형 유산으로 지정된 것은 명절이 처음이라고 해요. 그중에서도 추석은 달에 제사를 지내는 중국이나 일본과 달리 조상을 기리는 의례가 강조되는 명절로서, 우리 민족의 고유성과 대표성을 가지고 있다는 점에서 국가 유산으로서 가치가 충분하다고 평가되었어요.

음력 9월 9일
중양절

국화꽃이 만발하는 가을 명절날
국화꽃이 한창인 음력 9월 9일은 '중양(重陽)'이라는 명절이에요. 중양은 거듭하다는 뜻의 '중(重)'자와 해의 기운을 나타내는 '양(陽)'자가 합쳐진 말로, 양(陽)의 수인 홀수가 겹친 날을 의미해요. 3월 3일, 5월 5일 등 홀수가 겹치는 날은 여럿이지만, 9월 9일을 중양절로 부르는 이유는 '9'가 가장 큰 한 자릿수 홀수이기 때문이에요. 이날이 가장 밝고 따뜻하고 좋은 기운이 가득한 날인 셈이지요.

강남으로 제비가 돌아가는 날
봄이 한창인 음력 3월 3일 삼짇날이 강남 갔던 제비가 돌아오는 날이라면, 가을이 무르익는 음력 9월 9일 중양절은 제비가 곧 닥쳐올 추위를 피해 따뜻한 강남으로 돌아가는 날로 전해져요(옛글이나 속담에서 말하는 강남은 주로 중국의 양쯔강 아래 남쪽 지역을 말해요).

높은 곳에 올라가 하루 즐기기
중양절의 중요한 풍속 중 하나로 '등고(登高)'라는 것이 있어요. 등고는 높은 곳에 오른다는 뜻으로, 음식을 준비하여 높은 산에 올라가 하루를 즐기는 풍속이에요. 이날 선비들은 높은 곳에 올라가 국화를 감상하며, 국화주를 나눠 마시고 시를 지었어요. 또 서울에서는 남산과 북한산, 도봉산, 수락산 등 단풍 구경에 좋은 산에 올라가 음식을 먹으며 재미있게 놀았다고 해요. 오늘날 우리가 즐기는 가을철 단풍놀이와 비슷한 풍속이지요.

국화주와 국화전
국화가 만발할 때인 중양절에는 국화꽃을 따다가 술을 담고 화전을 부쳐 먹었어요. 국화주는 술을 빚을 때 국화를 함께 넣어서 빚기도 하고, 맑은술에 국화 향기를 스며들게 하여 만들기도 해요. 또 간단하게 맑은술에 국화꽃을 띄워서 즐길 수도 있지요. 국화전은 찹쌀가루를 반죽하여 빚고, 그 위에 노란 국화 꽃잎을 얹어 기름에 지진 음식이에요. 삼짇날에 진달래화전을 만드는 방법과 같아요.

중양절에 지내는 차례
늦은 수확으로 추석 때 햇곡식이 나오지 않아, 추석에 차례를 지내지 못한 지역에서는 날짜를 미루어 중양절에 차례를 지내요. 이 차례를 '중구차례'라고 하는데, 중구(重九)는 '구(9)가 두 번 겹치는 날'이라는 뜻으로서 중양절을 달리 부르는 말이지요. 또 이날 강원도 일부 지역에서는 제사를 지내 줄 자손이 없는 사람을 위해 마을에서 공동으로 제사를 지내기도 했는데, 이는 '무후제'라고 불러요.

나이 드신 어른들을 대접하다
이날은 나이 드신 어른을 공경하며 대접하는 날이기도 했는데, 궁중에도 그런 풍속이 있었어요. 《세종실록》 45권, 1429년 9월 9일에 '중양절이므로 탁주(막걸리)를 원로대신에게 내리고 잔치를 하였다'는 기록이 남아 있어요.

음력 12월 납일

종묘와 사직에 제사를 지내는 날

한 해의 마지막 달인 음력 12월이 되면 우리 조상들은 일 년 동안 이룬 농사와 여러 일을 신들에게 알리고 감사를 드리며, 다음 해에도 잘 돌보아 주시길 바라는 제사를 지냈어요. 특히 조선 시대에는 조정에서 왕실의 조상을 모신 종묘와 농사를 관장하는 신을 모신 사직단에서 큰 제사를 지냈지요. 그 제사를 지내는 날이 바로 '납일(臘日)'이고, 이 날 제사를 드리는 것을 '납향(臘享)'이라고 불러요. 납일은 12월 어느 날이었을까요?

납일은 동지로부터 세 번째 '미(未)'일

납일은 24절기를 기준으로 과거에 날짜나 연도를 셀 때 사용했던 육십갑자의 '지지(地支)'를 적용해 정한 날이에요. 고려 때는 동지(양력 12월 22일 무렵) 뒤 세 번째 술일(戌日)이 납일이었으나, 조선 시대부터는 동지 뒤 세 번째 미일(未日)로 정하게 되었어요. 지지(12지)는 자(子), 축(丑), 인(寅), 묘(卯), 진(辰), 사(巳), 오(午), 미(未), 신(申), 유(酉), 술(戌), 해(亥)의 12가지로, 달력의 날짜마다 붙은 육십갑자 두 글자 중 각각 '술(戌)', '미(未)'로 끝나는 날이 술일(戌日), 미일(未日)이 되지요.

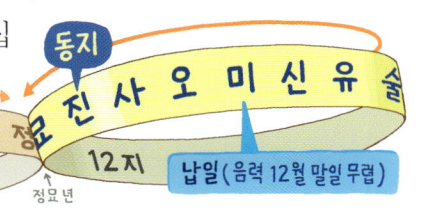

납일은 사냥하는 날?

납일(臘日)의 '납(臘)'자는 사냥한다는 뜻의 '렵(獵)'자에서 유래된 글자로, 이날에는 사냥을 하는 풍속이 있어요. 옛 기록에 따르면 조선 시대에는 지방 관청에서 납일에 나라 제사에 쓸 산짐승의 고기를 공물로 바쳤다고 해요. 주로 경기도 산악 지역의 고을에서 군과 백성들을 동원하여 멧돼지나 산토끼, 꿩 등을 사냥해 진상하였어요.

납일에 먹는 고기

납일에 사냥한 짐승의 고기 중에서도 새는 사람 몸에 좋다고 전해져요. 특히 참새고기는 어린아이에게 먹이면 마마(천연두)가 낫고 병에 걸리지 않는다고 해요. 그래서 이날 민간에서는 그물이나 새총 등을 이용하여 새를 잡았어요. 가을부터 곡식만 주워 먹는 새의 고기는 납일 때가 되면 소고기와 바꾸지 않는다는 속담이 있을 정도로 맛도 좋다고 하지요.

납일에 만든 약

궁중의 내의원에서는 이날 각종 환약을 만들어 임금에게 올려요. 이 약을 '납약'이라고 하는데, 임금은 진상된 납약을 가까운 신하와 나인들에게 나누어 주었어요. 납약 중에서도 정신을 치료하는 '청심원'과 열을 다스리는 '안신원', 위장병에 효과가 있는 '소합원', 이 세 가지가 제일 중요한 약이었다고 해요.

납일에 내리는 눈

납일에 내린 눈이 녹은 물을 '납설수(臘雪水)'라고 하는데, 옛사람들은 이 물을 매우 귀하게 여겼어요. 납설수는 눈병을 앓는 사람이 눈을 씻으면 병이 낫고, 물건에 적셔 두면 구더기가 생기지 않고, 책이나 옷에 바르면 좀이 슬지 않고, 김장독에 넣으면 김치 맛이 변하는 일 없이 오래 보관할 수 있었다고 해요.

음력 12월 30일 무렵
섣달그믐

뜬눈으로 밤새는 한 해의 마지막 날

음력으로 한 해의 마지막 날을 '섣달그믐'이라고 해요. 섣달은 음력으로 한 해의 맨 끝 달(음력 12월)을 말하고, 그믐은 음력으로 그달의 마지막 날을 뜻하지요(보름이 보름달에서 생겨난 말인 것처럼 그믐도 그믐달에서 비롯된 말이에요). 한 해의 마지막 날이자 설날의 전날이기도 한 이날에 우리 조상들은 무엇을 하며 보냈을까요?

섣달은 '설이 드는 달'?

섣달은 '설이 드는 달'이라는 뜻을 가지고 있어요. 그렇다면 음력 1월이 섣달이어야지 왜 12월을 섣달이라고 할까요? 한 해를 열두 달로 잡은 것은 수천 년 전부터이지만, 한 해의 첫 달이 되는 달은 여러 번 바뀌었어요. 그중에는 음력 12월이 첫 달이 되어 음력 12월 1일에 설을 쇠기도 했는데, 그때 음력 12월을 '섣달'로 불렀던 것이지요. 나중에 설날이 음력 1월 1일로 바뀌고 나서도, 그전에 부르던 것이 남아 그대로 이어져 오게 되었어요.

- 과거의 새해 첫 달 : 음력 11월(동짓달) → 음력 12월(섣달)
- 현재의 새해 첫 달 : 음력 1월

제야의 종소리

섣달그믐을 '제일(除日)'이라고 부르기도 해요. '제(除)'자는 '덜다(없애다)'라는 뜻으로, 제일은 곧 옛것을 없애고 새것을 마련하는 날이란 말이지요. 그래서 이날 밤을 '제석(除夕)' 또는 '제야(除夜)'라고 불러요. 양력으로 한 해의 마지막 날인 12월 31일이면 서울의 보신각에서 33번 종을 치며 새해를 맞는 행사가 열리는데, 이를 '제야의 종'이라고도 하지요.

제야 = 섣달그믐 밤
음력으로 12월 마지막 날

밤을 새우며 '해 지키기'

《동국세시기》에는 섣달그믐에 대해 "인가에서는 다락, 마루, 방, 부엌에 모두 등잔을 켜 놓는다. 흰색 접시에 실을 여러 겹 꼬아 심지를 만들고 기름을 부어 외양간, 변소까지 환하게 켜 놓으니 마치 대낮 같다. 그리고 밤새도록 자지 않는다"라고 기록되어 있어요. 이렇게 섣달그믐날 밤에는 집 안 구석구석에 등불을 밝히고 새벽닭이 울 때까지 밤을 새우는데, 이것을 '수세(守歲)'라고 해요. 우리말로는 '해(年)를 지킨다' 하여 '해지킴'이라고 부르기도 하지요. 묵은해를 되돌아보며 반성하고, 새해를 새롭게 맞이하는 뜻에서 생겨난 풍속이에요.

만두차례와 묵은세배

섣달그믐날 저녁에는 만둣국을 올려 차례를 지냈는데, 이를 '만두차례'라고 해요. 한 해 동안 잘 보살펴 주신 조상에게 드리는 감사 인사로, 해질 무렵 만둣국과 포, 과일, 술 등으로 차례상을 마련하여 조상에게 올렸어요. 차례를 지낸 다음에는 저녁 식사를 한 후 집안 어른들에게 세배를 드리는데, 이것은 '묵은세배'라고 해요. 새해를 맞이하기 전 한 해를 보내면서 감사의 뜻으로 드리는 인사였지요. 지역에 따라서는 저녁 식사 전에 세배를 하기도 했어요.

한 해의 마지막 날에는 '대청소'

일본에서는 한 해의 마지막 날(양력 12월 31일)을 '오미소카'라고 부르며 세시로 삼고 있어요. 이날 가장 중요한 풍속으로 일본 사람들은 가정이나 학교, 회사 등 거의 모든 곳에서 한 해 동안 쌓인 먼지를 털고 대대적인 청소를 해요. 전해지는 이야기에 따르면 이날 신들이 새해에 머무를 집을 찾아 나서는데, 좋은 운을 가져다 주는 신은 더러운 집에는 들어가지 않는다고 해요. 좋은 신을 맞아 새해를 잘 지낼 수 있도록 이날에 열심히 대청소를 하는 것이지요.

'까치설날' 이야기

동요 〈설날〉의 1절 노랫말(7쪽 참조)에서처럼 설날의 전날인 섣달그믐을 왜 까치의 설날이라고 할까요? 섣달그믐이 '까치설(까치설날)'로 불리는 여러 유래 중 하나에 따르면, 까치설은 놀랍게도 새 '까치'와는 아무런 관련이 없어요. 섣달그믐은 설날 전날이라 하여 '작은설'로도 불렸는데, 작은 설날을 뜻하는 옛말 '아치설'에서 까치설이 유래했다는 거예요. '작다'는 뜻의 '아치'가 소리가 비슷한 '까치'로 변한 것으로 추측하지요.

까치설?
작은설?
(아치설)

찾아보기

ㄱ

가마싸움 ··············· 34
가배 ··············· 33
강강술래 ··············· 34
강남 ··············· 15, 36
강릉 단오제 ··············· 23
걸교 ··············· 29
견우성(알타이르) ··············· 29
견우직녀 ··············· 28, 29
경일 ··············· 27
고구려 ··············· 29
고려 ··············· 12, 19, 21, 37
고싸움놀이 ··············· 12
관등놀이 ··············· 19
구정 ··············· 7
국가 유산 ··············· 35
국화꽃 ··············· 36
국화전 ··············· 36
국화주 ··············· 36
귀밝이술 ··············· 13
귀신 ··············· 6, 7, 13, 27
그네뛰기 ··············· 22
그믐 ··············· 38
근친 ··············· 34
까치설날(까치설) ··············· 39

ㄴ

나무조롱 ··············· 9
나물 ··············· 7, 13, 25, 33
나이떡 ··············· 14
납설수 ··············· 37
납약 ··············· 37
납일 ··············· 3, 37
납향 ··············· 37
널뛰기 ··············· 6
노비일 ··············· 14
놋다리밟기 ··············· 12
농민 ··············· 30, 31, 34
농신제 ··············· 25

ㄷ

다리밟기 ··············· 12
단오 ··············· 3, 20, 21, 22, 23
단오 부채 ··············· 21
단오고사 ··············· 21
단오장 ··············· 21
단오절사 ··············· 21
단오첩 ··············· 21
달맞이 ··············· 11
달집태우기 ··············· 11
닭개장 ··············· 27
답청절 ··············· 15
대보름(정월 대보름) ··············· 3, 10, 11, 12, 13
더위팔기 ··············· 12
덕담 ··············· 5
《동국세시기》 ··············· 29, 31, 39
동요 ··············· 7, 39
동지 ··············· 16, 21, 35, 37
등고 ··············· 36
떡국 ··············· 5, 7

ㅁ

만두차례 ··············· 39
말복 ··············· 26, 27
망혼일 ··············· 31
머슴 ··············· 14, 31
머슴날 ··············· 14
무후제 ··············· 36
묵은세배 ··············· 39
묵은해 ··············· 39
문화재 ··············· 12, 22, 23
물맞이 ··············· 25
물장구 ··············· 19
미국 ··············· 35
미일 ··············· 37

ㅂ

바느질 ··············· 8, 29
반보기 ··············· 34
백제 ··············· 5, 35
백종 ··············· 30
백중 ··············· 3, 30, 31
베트남 ··············· 7, 23
볏가릿대 ··············· 9, 14
보름달 ··············· 10, 11, 32, 34, 38
복날 ··············· 27
복달임 ··············· 27
복죽 ··············· 27
봉산 탈춤 ··············· 22
부럼 ··············· 13
북두칠성 ··············· 29
불 ··············· 17
불교 ··············· 18, 19, 31
불꽃놀이 ··············· 19
빙표 ··············· 27

ㅅ

사냥 ··············· 37
사람날 ··············· 8
사직(사직단) ··············· 37
산소 ··············· 16, 17, 33
《삼국사기》 ··············· 33, 35
《삼국유사》 ··············· 11
삼계탕 ··············· 27
삼복 ··············· 3, 26, 27
삼짇날 ··············· 3, 15
상원 ··············· 11
상화떡 ··············· 25
새해 ··············· 4, 5, 10, 39
석가 탄신일(부처님 오신 날) ··············· 18, 19
석가모니(부처) ··············· 18, 19, 31
섣달 ··············· 38, 39
섣달그믐 ··············· 3, 5, 9, 38, 39
설(설날) ··············· 3, 4, 5, 6, 7, 38, 39
설빔 ··············· 5, 7
섬떡 ··············· 14
세배 ··············· 5, 39
세뱃돈 ··············· 5
세시 풍속 ··············· 3
《세종실록》 ··············· 36
세찬 ··············· 5
소망일 ··············· 3, 9
소먹이놀이 ··············· 34
송편 ··············· 14, 32, 33, 35
수단 ··············· 25
수리취떡 ··············· 22

수릿날 ··············· 20, 21, 22
《수서》 ··············· 5, 21
수세 ··············· 39
식목일 ··············· 17
신라 ··············· 5, 11, 19, 21, 25, 33, 35
신일 ··············· 5
쑥단자 ··············· 17
쑥떡 ··············· 15
씨름 ··············· 22

ㅇ

액막이연 ··············· 13
앵두 ··············· 22
연날리기 ··············· 6, 13
연등 ··············· 18, 19
연등회 ··············· 19
연병 ··············· 25
영등굿 ··············· 14
영등신(영등할망) ··············· 14
오곡 ··············· 9, 21, 33
오곡밥 ··············· 13
오곡백과 ··············· 33
오기일 ··············· 11
오작교 ··············· 28
용알뜨기 ··············· 11
우란분회 ··············· 31
원일 ··············· 5
유두 ··············· 3, 24, 25
유두면 ··············· 25
유두잔치 ··············· 25
유두천신 ··············· 25
육개장 ··············· 27
육십갑자 ··············· 27, 37
윷놀이 ··············· 6
은하수 ··············· 28, 29
이열치열 ··············· 27
이월 초하루 ··············· 3, 14
인일 ··············· 3, 8
인일제 ··············· 8
일본 ··············· 7, 8, 13, 23, 27, 35, 39
입추 ··············· 27

ㅈ

잔치 ··············· 5, 14, 21, 31, 36
잣불 ··············· 9
장빙고 ··············· 27
절기 ··············· 17, 26, 27, 37
정월 ··············· 3, 5, 8, 10
제비 ··············· 15, 36
제비맞이 ··············· 15
제사 ··············· 5, 11, 17, 21, 23, 25, 29, 31, 36, 37
제야 ··············· 39
제일 ··············· 39
제호탕 ··············· 22
조선 ··············· 8, 14, 17, 19, 21, 25, 27, 34, 37
종묘 ··············· 17, 37
줄다리기 ··············· 34
중구차례 ··············· 36
중국 ··············· 7, 8, 23, 27
중복 ··············· 26, 27
중삼 ··············· 15
중앙절 ··············· 3, 36
중원 ··············· 11, 31
중추절 ··············· 33
중화절 ··············· 14
중화척 ··············· 14

쥐불놀이 ··············· 12
지신밟기 ··············· 12
지지(12지) ··············· 37
직녀성(베가) ··············· 29
진달래화전 ··············· 15, 17

ㅊ

차례 ··············· 5, 7, 17, 33, 36, 39
차례상 ··············· 5, 7, 33, 39
참새 ··············· 37
창포 ··············· 21, 23
천간(10간) ··············· 27
청명 ··············· 17
초복 ··············· 26, 27
초파일 ··············· 3, 18, 19
추석 ··············· 3, 32, 33, 34, 35
축제 ··············· 19, 21, 23, 31
칠석 ··············· 3, 28, 29
칠석비 ··············· 29

ㅌ

탁족 놀이 ··············· 25
탁족회 ··············· 25
탑돌이 ··············· 19

ㅍ

팥죽 ··············· 13, 27
포쇄 ··············· 29
풍년 ··············· 9, 11, 21, 25, 29

ㅎ

하원 ··············· 11
하지 ··············· 27
한가위 ··············· 33
한식 ··············· 3, 16, 17
한식면 ··············· 17
해지킴 ··············· 39
햇곡식 ··············· 25, 33, 34, 36
호기놀이 ··············· 19
호미씻이(호미씻기) ··············· 31
화전놀이(화류놀이) ··············· 15

24절기 ··············· 3, 17, 26, 27, 37

참고 문헌

국립민속박물관, 《한국민속대백과사전》, 2024.
한국학중앙연구원, 《한국민족문화대백과사전》, 2024.
국립국어원, 《표준국어대사전》, 2024.

글 지호진

전통문화와 문화 관광 관련 잡지사에서 기자로 활동하다가 지금은 어린이 책 전문 기획 편집과 집필을 하고 있습니다.
지은 책으로는 《한눈에 펼쳐보는 24절기 그림책》, 《한 권으로 보는 그림 한국사 백과》, 《한눈에 반한 우리 문화》,
《공부가 쉬워지는 한국사 첫걸음》, 《오늘은, 별자리 여행》, 《아하! 그땐 이런 과학기술이 있었군요》 등이 있습니다.

그림 이혁

어린이 친구들을 위한 재미있고 유익한 그림을 그리고 있습니다.
그린 책으로는 《한눈에 펼쳐보는 24절기 그림책》, 《한눈에 펼쳐보는 문화유산 그림책》, 《한눈에 펼쳐보는 한국사 연표 그림책》,
《한눈에 펼쳐보는 대동여지도》, 《한 권으로 보는 그림 한국사 백과》, 《오늘은, 별자리 여행》, 《아하! 그땐 이렇게 살았군요》,
《그림 성경 100대 인물》 등이 있습니다.

한눈에 펼쳐보는 세시 풍속 그림책

1쇄 · 2024년 2월 20일 3쇄 · 2024년 12월 2일 글 · 지호진 그림 · 이혁 발행인 · 허진 발행처 · 진선출판사(주)
편집 · 김경미, 최윤선, 최지혜 디자인 · 고은정 총무 / 마케팅 · 유재수, 나미영, 허인화
주소 · 서울시 종로구 삼일대로 457 (경운동 88번지) 수운회관 15층 전화 (02)720-5990 팩스 (02)739-2129 홈페이지 www.jinsun.co.kr
등록 · 1975년 9월 3일 10-92 ※책값은 뒤표지에 있습니다. ISBN 979-11-93003-42-8 74000 ISBN 978-89-7221-634-6 (세트)
글 ⓒ 지호진, 2024 그림 ⓒ 이혁, 2024

진선아이는 진선출판사의 어린이책 브랜드입니다.
마음과 생각을 키워 주는 책으로 어린이들의 건강한 성장을 돕겠습니다.